最佳零售银行缔造方法

零售银行竞争对手分析

连正杰 编著

企业管理出版社

图书在版编目（CIP）数据

零售银行竞争对手分析／连正杰编著. —北京：企业管理出版社，2011.1

ISBN 978－7－80255－752－9

Ⅰ.①零… Ⅱ.①连… Ⅲ.①商业银行—市场竞争—研究 Ⅳ.①F830.33

中国版本图书馆 CIP 数据核字（2011）第 009859 号

书　　名：零售银行竞争对手分析
作　　者：连正杰
责任编辑：韩天放
书　　号：ISBN 978－7－80255－752－9
出版发行：企业管理出版社
地　　址：北京市海淀区紫竹院南路 17 号　　邮编：100048
网　　址：http：//www.emph.cn
电　　话：编辑部 68701292　发行部 68467871
电子信箱：bjtf@vip.sohu.com
印　　刷：北京智利达印刷有限公司
经　　销：新华书店
规　　格：170 毫米×240 毫米　16 开本　14.5 印张　182 千字
版　　次：2011 年 2 月第 1 版　2011 年 2 月第 1 次印刷
定　　价：69.00 元

前言

随着金融市场的开放和金融监管的放松，国内零售银行所面临的竞争压力比以前任何时候都更为严峻，相应地做好竞争对手分析也比以往任何时候都更为重要。怎样把竞争对手分析做到科学化、规范化、日常化和全员化，这是本书要传授给国内零售银行读者的基本理念。

在主要内容上，本书详细解析了零售银行竞争对手分析中的分析谁、分析什么、谁来分析，以及怎样分析等关键问题。

“分析谁”是指要明确界定现实的和潜在的竞争对手。明确界定竞争对手能使分析做到有的放矢，还能节省分析者的大量精力。

“分析什么”是指应针对哪些信息展开分析工作。对零售银行业务的各个竞争元素均应实施竞争对手分析，并且应在动态基础上展开分析工作，日常关注竞争对手的动态发展和竞争态势的动态变化。

“谁来分析”是指竞争对手分析在银行中的职能设置。零售银行也许会设置专门的竞争对手分析职位，但单靠竞争对手分析专员履行这一职能并不够，竞争对手分析工作应实现全员化，银行所有员工都有责任收集竞争对手信息，并将信息有效反馈给分析专员。

“怎样分析”是指竞争对手分析的方法论问题，还涉及到竞争对手分析结果在零售银行中的应用问题。竞争对手分析结果可用于零售银行的战略规划、战术设计、产品开发、产品和服务的定价/调整、客户关系管理、风险控制和并购决策等,还可单纯用于进行同行业比较,实施标杆管理等。对这些不同的应用领域,银行应有选择地采用相应的竞争对手分析方法。

本书融汇中西竞争对手分析理论,借鉴国际银行竞争对手分析实务,专门针对金融服务零售特点,内容简明易懂,要点醒目标示,是国内零售银行开展竞争对手分析的最佳实践指南。

目录

第 5 章

第1章

竞争对手分析的必要性

没有一家公司可以在真空中生存,因此了解你现有及潜在的竞争对手以及他们正在做什么至关重要。我们可以获得的关于竞争对手的信息非常之多,特别是在包括互联网在内的电子信息服务兴起之后更是如此。因此,即使仅仅关注本公司所在的国家或者产品领域的信息,花费也是巨大的。

确认、搜集、传播并利用有关竞争对手的信息既是科学又是艺术,它需要资源的投入以及有计划地展开活动。公司高层管理者也许知道,或自认为他们知道竞争对手的零零碎碎,不过追踪真正的竞争对手的行动却需要对可得的信息时时更新、分析并加以过滤。

许多管理者会反对在监控竞争对手行动上花费时间及资源,他们通常认为从商业新闻中瞥到的竞争者的消息以及从员工处得到的信息就足够了。销售主管最容易过度自信,相信他们的销售队伍了解了全部的“大道”和“小道”消息,而这些消息通常比谣言、诽谤或精心布置的诡计好不到哪儿去,而且常常还是过时的。公司所需要的信息应该是努力挖掘而得并经过分析的。

不少竞争对手情报实际上已经公开,因而很容易获得。大多数公司,不管其是否意识到,都多多少少地参与了某种形式的竞争对手情报搜集活动，例如，市场份额分析、竞争预测，以及分析竞争对手的战略等等。

就金融服务业而言，这一行业的竞争已相当激烈，并且在将来会愈发如此。因此，要想在这一行内立于不败之地，就必须完完全全地了解竞争对手的一举一动。正如老话所说，“即使你不对他们这样做，他们也会对你如此。”

但是，许多公司仅仅为了某次特别的营销活动才进行一次性的竞争对手分析，还有其他一些公司则认为竞争对手分析一旦完成，几年内都无需再做。然而竞争对手情报从来都不是一件成品，除非竞争者已不再存在；而即使如此，有关竞争对手情报的搜集分析工作仍需继续下去，直到原竞争者的顾客都已转移到别处为止。

因此，有组织地建立竞争对手情报系统才是唯一正确的途径，这就意味着要定期搜集信息，不断更新、分析并加以利用，从而更有效地理解并运用这些信息。

竞争对手分析的重要性

众所周知，竞争者可以通过各种途径进入金融服务领域。依靠关于竞争者的粗略的信息或宽泛的假设来制定竞争策略已远远不够，同样，忽略竞争者的存在而确定的计划也行不通。对于公司来说，已越来越有必要基于合理的分析以及可靠的竞争者情报来制定决策。如果一家公司某天突然发现已被竞争者牢牢包围，那么该责备的只能是自己。

监控竞争者的行动看似容易，实则不然，我们还是先退一步看看以下这些问题：

- 我的竞争者是谁？
- 我需要了解它们什么？

- 我为什么需要这些信息？
- 我从哪里可以得到这些信息？
- 我如何能合法地获得这些信息？
- 我怎样搜集并传播这些信息？

每一家公司都有战略或者战术安排。战术安排用来应对竞争者已经实施的、正在实施的或将要实施的策略，从而作出具体的行动安排。在这一点上事后了解固然也有一定的作用，但若能预先知道或预测到竞争者的行动则可以为公司带来进一步的竞争优势。而长期的战略安排则更要考虑竞争者的未来计划。

制造商可以购买竞争者的产品并拆开进行分析从而获得关于竞争者的情况，零售商则可以通过调查竞争者来了解其价格、促销以及其他方面的一些信息。然而，随着越来越多的金融服务通过电话、邮件及电子交易方式实现，金融服务业的公司已经不可能模仿制造业及零售业的运作模式。而且，金融服务是一种无形的产品，尤其是那些提供建议的服务，它所销售的可并不仅仅是一张纸质凭证而已。

也许我们碰到的最大问题在于关于竞争对手的信息过于繁多。其中一部分可能是对公司内大部分人都有用的具体知识，另外一些则可能只对高层管理者有用。信息与知识是有巨大差异的，对竞争者信息进行分析，重点在于读出字里行间的含义。将细节数据反复阅读并不难，但若能仔细地分析就更好了。正像市场调查一样，专业人员同业余人士的真正区别就在于，业余人士只是提供了具体的信息，以及有限的结论；而专业人员则会给出分析，并且包含了对公司如何采取行动的有效建议。

竞争对手分析是一项技能。专家不但能够吸收有用的信息并将其转化为管理者易于接受的形式，而且可以凭直觉觉察到竞争者的行动。每一家公司都有其独特的文化和风格，这种风格可以是自大或者谦逊，偏好风险或者规避风险，创造革新或者跟随他人，快速行动或者缓慢反应，对问题采取救火式的解决方案或者有一个长期的战略规划。人们可能轻易地认为，由于行业内通行的从业资格限制，相似的产品或服务，以及管理层普遍的高层次教育，上述那些风格上的差异正在逐渐消失；但是，随着新技术的冲击，多样化的金融产品不断出现，各公司间的风格差异不但没有缩小相反正在扩大。各公司不但努力寻求差异化，以为顾客带来更多的增值，同时也在确立独特的形象。因此，透过行业内竞争的表象而理解公司独特的文化和个性对竞争者分析来说至关重要。

要　点

- 忽视竞争者是危险的。
- 商业情报对战略战术制定至关重要。
- 你的竞争者是谁?
- 信息不等同于知识。
- 竞争者分析是一项特殊的技能。

竞争的加剧

几十年前，金融服务业内的许多领域还都是静态的，银行 A 与银行 B 之间，或者保险公司 A 和保险公司 B 之间几乎没有差别。在许多国家都有正式或非正式的定价协议，在其他一些国家，政府对产品、价格以及广告均有严格控制。而现在，在欧洲各国随着欧盟相关的法律和法规的实施，这种现象已不复存在。尽管仍有一些对广告的限制以遏制不正当竞争，但对于公司提供的产品和服务，以及价格和分销渠道已没有任何限制。银行可以进入保险领域，而保险公司也可以从事银行业务，一些零售商也开始参与银行和保险经营。汽车制造商则从过去的销售汽车发展到提供融资和保险服务。

多年来，在银行、保险以及信用卡等领域，产品和服务的供给增长超过了需求。尽管合并、收购、倒闭时有发生，金融服务业内各个领域的竞争仍然愈发激烈。为了扩大在缓慢增长的市场中的份额，公司之间斗得不可开交。

与此同时，顾客也在改变，他们比以往受过更多的教育，也拥有更多的信息。调查显示，顾客更倾向于转换到其他的服务提供商，而非忠诚于某一家。

要　点

- 银行与保险不再各自分业经营。
- 零售商与制造商也认为金融服务有利可图。
- 产品供给能力过剩意味着竞争加剧。
- 顾客比以往更加精明。
- 市场竞争只会愈加残酷。

跨行业的竞争

当银行只做银行业务而保险公司只提供保险服务的时候，要与竞争者保持齐头并进还是相对容易的，因为同行业的高层经理们参加相同的俱乐部，在一起享受美食的同时就能了解到竞争者的动向。不过现在情况完全不同了，大量的公司试图开发出新的增值服务。

如今要了解银行业务领域内的竞争者行动，就不仅仅局限于银行业界，还需要考察保险公司、邮政部门、零售商以及政府机构。另外，还要加上其他一些同样提供融资服务的公司，如财务公司、汽车制造商和消费品供应商。时至今日，电子媒体也成了银行的竞争者。而在将来，软件开发公司、电信运营商、能源公司，以及任何你想不到的公司都可能提供金融服务。

个体消费者是金融服务的一个目标市场，而一个更大的市场则是公司或者自由职业者。随着在家中办公的人数的增加，终身雇员制逐渐转变为短期合同工以及自由职业，二者之间的界限也日趋模糊。这一事实意味着对金融服务业进行竞争者分析时，已不能简单地将竞争者划分为个人业务与公司业务两种。

银行与保险从业者过去曾以需要几十年才能获得的专业知识与技能引以为豪，竞争者若想进入这一行业并树立起声誉，需要耗费大量的资源。如今以电话为基础的业务使得与顾客直接接触相当容易，游戏规则也随之发生了变化。银行与保险公司已只不过是能够提供一纸凭证以确认交易的服务提供商，而无纸化交易的发展令凭证也形同虚设。举个例子来说，如果我能够通过电子支付手段在网上购物，并可以通过下载立即获得一张保险单，这样一来，我就不再需要银行或者保险公司了，而计算机软硬件提供商可以非常容易地做到这一点。

小觑竞争者的一个最好的例子就是20世纪初的马匹商。那时人们的交通方式除了步行就是骑马，因此马匹商的竞争者自然就是其他的马匹商。汽车刚发明时并不受重视，只被当作不可靠的小把戏，既昂贵又不为大众所喜欢。马匹商的失败之处就在于并没有认识到马匹无非是用于交通的工具，人们买马不是只为了马，结果就是马匹商很快发现他们已经过时了。到现在，有些金融服务业的公司还在忽视行业外的潜在竞争者。具有讽刺意味的是，他们的理由与当年马匹商忽视汽车出现的理由毫无二致：认为行业外竞争者提供的服务是不可靠的，昂贵而且不为大众所接受。而事实上，公众接受新技术的速度向来比公司提供该技术的速度更快，电话银行与电话保险业务的需求一开始就在许多国家超过了服务提供商的业务更新能力。

以上的故事说明，在竞争者分析中，考虑现有的以及未来的来自其他行业的竞争者都至关重要。

要　点

- 提供金融服务的公司种类日益增加。
- 个人消费者与公司消费者间的界限逐渐模糊。
- 以电话为基础的业务使得进入金融行业更加容易。
- 竞争者可以来自其他任何行业。
- 竞争者分析必须纳入潜在的竞争者。

跨地域的竞争

现在，随着消费者在一国之内或各国之间的流动性逐渐增加，本地市场将很难抵挡这种冲击而不受它的影响，尤其是电话和其他电子媒介的运用，使得消费者选择服务时不再受到地域的限制。

过去的竞争是在市镇范围内进行的，个体消费者大都选择离他们工作或居住地较近的银行和保险公司，反之公司也会利用地域优势展开竞争。而如今竞争已发展为全国范围的，这主要归因于电话业务的兴起。

新的沟通手段如互联网、卫星电视、电子邮件以及传真再一次改变了竞争模式。现在，供应商只要懂得客户语言，就可以在任何地方展开竞争。对英语国家来说，行业竞争可能来自澳大利亚、新西兰、加拿大和美国。语言障碍也在逐渐淡化，许多欧洲公司都可以熟练运用两到三种语言。

尽管如此，跨国界竞争仍存在一个重要问题：很多有用信息是用公司所在地的语言表述的，而非公司母国语言。所以，信息在获得后还必须经由公司自有的或外包的翻译人员进行重新表述。

上述所有这些事实的影响在于，需要关注的竞争者数目正以不可思议的速度增加，这就使搜集与存储竞争者信息愈发困难。而进行信息分析的时间，即使有计算机辅助，也是非常有限的。

要 点

- 跨国市场正在扩大。
- 互联网使竞争国际化。
- 现实的竞争已不再受地域限制。
- 语言障碍正逐步消失。
- 消费者的流动性日益增强。

战略与战术的重要性

一些公司认为它们有足够的实力和牢固的市场地位，因而不需要惧怕竞争。正是这种过度的自信曾使大量的英国汽车制造商以及英国的汽车制造业败下阵来。在金融服务行业，如今不存在任何一家公司在任何一个领域具有绝对的领导地位，使得它可以不关注竞争者的行动。金融服务行业的一个独特之处就在于中介机构在很大程度上控制着业务，也就是说，金融服务业的公司是间接地接触到顾客的，而这也意味着市场对新产品及新服务的开发和改进反应通常很快。

十几年前，人们还可以自信地认为由于技术、印刷、设计以及其他方面的局限，一项新产品的推出要花两年左右的时间。如果一家银行或者保险公司推出的新产品比较简单，那么竞争者模仿它需要半年到一年的时间。而随着现代产品及技术的网上销售，新产品或者新的定价策略只需几周甚至是几个小时就能够被复制，只要这种更新无需进行书面宣传材料或系统的改动。这种情况使得业界人士的工作节奏加快了，也使得尽快地了解竞争者的行动更为必要。

一家公司的竞争策略可以是防御性的，即在已有的产品或服务市场上抵御新竞争者的进入；或者是进攻性的，主动打入新领域。而不管运用哪一种策略，公司都必须知道竞争者正在以及将要做什么，从而制定应对措施。

如果不了解竞争者产品或服务的优势及劣势所在，那么我们就很难设计出有效的策略。这里有一个很好的例子：如果一家公司为推出一项新的老年人汽车保险，花费了上百万在宣传上，而之后却发现竞争者不但已经以更低的价格提供同样的保险，并且有额外的服务和更多的产品卖点，那么此时已为时晚矣，之前巨额的宣传投入全都付诸流水、毫无意义。

公司在制定中期战略时，不论是分销渠道的设计，产品研发计划，还是选择进入新的产品市场，以及从某些现有市场中撤出，也都有赖于了解竞争对手的行动。

而对长期战略而言，仅仅有即时的产品服务信息显然是不够的，还应当知道竞争者的使命陈述、目标以及战略等。当然，还要估计哪些新的竞争者可能会进入。

长久以来寿险市场上流行着一句箴言："保险靠卖不靠买。"它一次次地被用来结论性地证明尽管财产险可以采用电话销售，但人身险如养老保险、医疗保险却因太过复杂而不能进行电话销售。现在，一些大型连锁零售商却动摇了这一论断，它们的成功应归功于不迷信传统以及大胆采用新的方法。保险公司曾经以为电话销售无法表述它们产品的复杂性，而这些连锁零售商则选择设计新产品来适应电话这种新的分销渠道。当传统保险公司还在致力于监控老对手的行动时，来自电话销售的力量极大地震动了它们，因为它们从来没料到新的竞争者会如此激烈地颠覆了传统。

要确定哪些公司需要作为竞争者来关注，多角度思考非常重要。当许多银行和保险公司纷纷涌上互联网，提供那些大同小异的产品时，一些公司却在战略上暂退一步，考虑顾客利用互联网真正想做什么。它们开发出了能被顾客即刻使用的产品，因而比竞争者棋高一着。另外一些公司还会多走一步，多角度思考使它们决定，与其匆忙进行网上业务，还不如在它们的金融服务系统内提供更加简便的上网软件。

汽车制造商和房地产公司也在进行多角度的思考，其结果就是将保险作为它们产品的一个组成部分，而不仅仅是一个附加选择。同样的改变也可以发生在超级市场上，这将带来零售业的革命。

因此，总体而言，竞争者情报是非常有力的战略工具，它对建立、发展并保持竞争优势等方面都能起到重要的作用。

要点

- 过度自信并忽视竞争者的代价是惨重的。
- 与顾客的接触可以是直接的，也可以通过中介机构。
- 新产品可以在几周之内推出。
- 竞争策略有防御性和进攻性两种。
- 分销渠道信息是必不可少的。
- 关于产品和服务的信息并不足够。
- 战略和战术对公司来讲至关重要。
- 公司要注意从多角度进行思考并发挥想象力。

兼并与收购

市场供给能力过剩正在并将继续导致兼并与收购的发生。有些情况下收购较为容易，比如双方都有此意愿时；而在另外一些情况下，被收购公司则不希望收购发生。无论对收购方还是被收购方来说，在事前事中都可以得到大量关于对方的信息。不过记住，信息不代表知识。

分析此前类似的收购事件我们应当关注：股东是否因收购而受益？经理层与员工有何反应？顾客是否因此转到别处？双方是否有什么情况没有公开？当然，要了解收购目标的每一个具体细节是不现实的，对收购方而言，可行的办法是对每一个可能的并购目标建立档案以找出其薄弱环节。收购目标是否高度依赖某类顾客或某一分销渠道？是否非常依赖一两个关键人物，而他们能否用持股或收购后新公司中的重要职位来"收买"？能否采用一些手段，诸如挖走关键员工或关键顾客来进行收购？又如果该公司只有一到两种产品，那么在这些产品市场中进行恶性价格战是否可以促成收购的实现？

对于共同基金这样对独立性要求较强的公司，我们同样可以建立起类似的并购档案，并参考类似公司的收购经验，如收购方是否信守承诺，而那些信誓旦旦的保证如"我们认为没有必要进行组织结构变革，组织设置中也不存在任何冗余"之类的话是否也只是空头支票，不会兑现？

另一个可供探索的领域是建立合作关系：与其与零售商或者其他想要加入金融服务业的公司争得头破血流，不如和它们共同组建合资公司。这就是说，你必须清楚地了解在金融服务行业外从事金融服务项目的公司有哪些。

总而言之，商业竞争再也不能用“温和”来形容了，推荐一些违法和不道德的手段固然是不合适的，但的确存在一些其他的方法来获得竞争者信息。经理人不得不像足球教练或游击队员那样思考和行动，找出竞争对手的弱点，并运用各种战术击败他。传统的市场调查在这里作用并不大，我们真正需要的是拓展性的分析、头脑风暴以及多角度的思考。

要　点

- 收购与兼并在世界范围内都是不可避免的。
- 有关并购的信息时效性较强。
- 竞争者情报有助于甄别潜在收购对象所说的话。
- 信息也可以用来进行防御。
- 考虑建立合作关系时信息的充分性是必不可少的。

标杆管理

简单地讲，标杆管理就是将本公司各方面的业绩与同业最好的公司进行比较，这有助于内部标准的设定与执行。这一基准即竞争者所能达到的最佳水平，它为管理者提供了一系列的关键业绩指标。还要指出的是，将本公司的产品、服务、市场表现与主要竞争对手和行业领导者进行比较应当是一个持续不断的过程。

国外许多成功的公司，包括不少服务业公司，都在运用标杆管理这一方法，以帮助它们赶上甚至超过行业领先者。所有公司，无论大小，都能从标杆管理中有所受益。提供完备金融服务的跨国公司也好，提供单一服务的本土公司也好，只有彻底理解了标杆管理的含义，即不仅仅将本公司的表现与最直接竞争者或过去的业绩相比较，而是要与最好的竞争者来比较，才能获得成功。简单说来，就是如果行业领先者的增长水平是10%，那么设立5%的增长目标是没有任何意义的。

许多公司都宣称它们在运用标杆管理的方法，但是如果没有正确的竞争者情报，公司在设立标杆时就很有可能对自己的表现估计过高。例如，一家保险公司依靠那些极易获得的行业统计资料设立标杆，其中包含了亏损公司、将要被收购的公司以及背负巨大债务负担的公司的信息，并将自身业绩与资料所反映的行业平均水平进行比较，这就不能算是真正的标杆管理，因为真正的标杆管理需要与最好的水平比较。

对标杆管理的另一个错误理解是它仅仅用来监控现状。标杆管理的最终目标是通过确立竞争优势，不仅给顾客提供优质的服务，而且要提供超出顾客预期水平的、令顾客感到惊喜的服务。

标杆管理是为适应不断变化的市场而采取的系统且持续的活动。通过不断学习他人的长处并运用于自身，从而达到持续的质量改进。这一方法有助于提升公司的整体表现以及竞争力，并能带来利润和市场份额的扩大。关于标杆管理有如下一些要点：

- 确认最佳表现。
- 确保所选择的业绩指标具有可比性。
- 对外部数据保持谨慎，保证结果的可靠性。（例如，不要轻易相信竞争者对你说的话。）

对竞争者的调查可以远程进行，但你也有实地拜访的机会。一般来说，从总部或者分支机构几乎得不到什么信息，而直接接触它们的营业中心或者电话销售部门则可以使你深入地了解竞争者的员工士气，电话业务流程，以及其他一些好的或不好的方面，而这些都是无法通过书面或电子邮件的联系实现的。

需要指出的是，获取并分析信息只是标杆管理的一个方面，更重要的在于识别出最佳业绩，提出创造性的策略，并付诸行动。

关于标杆管理有许多不错的书可作参考，而这里则是要说明搜集竞争者信息对标杆管理有多么重要。进行标杆管理，关键的一环在于选择正确的公司和合适的指标来进行比较，否则，全部的活动都不过是在浪费资源，误导管理人员，到头来事倍功半。

标杆管理可以用来提高产品与服务的竞争力，不过却常常无法应付竞争者业绩的大幅提升及其带来的市场份额的扩大。要扭转这种困境，就要确保标杆管理与竞争者分析统一进行。如果让负责计划制定、统计分析及会计的人员进行标杆管理工作，而由另外的调研团队负责竞争者分析，虽然会比较简单易行，效果却不如人意。

进行标杆管理并非是做行业间谍，而是模仿竞争者最佳业务实践的合法经营策略。它的三个关键步骤是：选择竞争者，确定监控哪些方面，以及将其与本公司业绩进行比较。公司可以建立一套庞大的标杆管理系统，它有着强大的功能，却很难随机应变；而更好的办法则是选择有限数量的竞争者和几个可供选择的服务水平，并定期更新。

不少银行与保险公司声称它们已经在实施标杆管理，不过这通常是在特定时间或者特定情景下偶尔为之，不具备持续性。恰当地运用标杆能够帮助公司确立优势，改变劣势，从而提高顾客满意度，提升业绩，增加员工积极性。

英国有 30 家左右的保险公司是英国质量基金会（BQF）保险公司协会会员。它们本着提高业绩与顾客服务水平的宗旨，在多项活动领域内进行标杆管理。它们所使用的模型由两部分组成，分别是内部指标与外部指标。内部指标包括领导力、人力资源管理、员工满意度、策略与方针、资源与流程，以及经营成果。而外部指标则包括顾客满意度和对社会的影响。这一模型旨在发现劣势并试图找出改进方案，其具体内容虽与本书关联不大，但它的基本思想却与本书不谋而合，即成员间相互分享非机密的信息。

进行竞争者分析的团队需要定期检查哪些公司以及哪些方面需要进行比较，一个可行的办法是引入一个变量，使得对 9 家公司每期都进行评估，而对第 10 个评估对象则每次替换；类似地，所比较的项目也可以通过引入合适的变量，从而保持 9 个项目不变而第 10 个项目则每次都作变换。这一方法保证了在进行标杆管理时比较的是正确的公司和正确的项目。在频繁发生合并与收购的商业活动中，原有公司消失后，知道哪些公司可以作为替换对象加入标杆管理比较对象中来，这一点很重要。

与过去的业绩或者最直接的竞争对手进行比较轻而易举，但这样做却忽视了其他重要方面的比较。例如，一家保险公司将比较的目标设定为行业前二十名，那么连续几年的保单与保费的增长很容易使它满足；换一种情况，如果它将三家最棒的竞争对手作为比较对象，那么上述自满就会消失，因为不止它一家在成长，事实上其他公司可能在以更快的速度获得更高的利润。

大多数标杆管理方面的专家将精力集中在与同业竞争者进行的比较上，但需要注意的是，尽管这是进行标杆管理的第一步，却不是全部，金融服务业的公司还需要考虑金融服务业以外表现最佳的竞争者。例如，一家保险公司的电话销售中心与图书销售商看起来也许很不同，但当图书销售商电话销售的接通率为 99%，保险公司电话销售中心却只有 50% 时，保险公司就能从中学到一些东西了。这种跨行业的学习可以使你领先于竞争者。金融服务行业内任何领域的公司进行标杆管理时，成功的关键都在于关注顾客，而不是内部流程。

金融服务业公司将顾客作为标杆管理的中心，可以通过将内部业绩指标与关键竞争对手中的最佳、最差以及平均水平进行比较来实现。比较的项目包括：

- 市场份额

- 顾客数量
- 顾客特征
- 关键顾客群的渗透程度/顾客数量
- 每年新增顾客数量
- 新增顾客特征
- 顾客忠诚度以及重复/附加购买的数量
- 流失的顾客
- 商标知名度
- 顾客对品牌形象的感知
- 与指定顾客交易的活跃性
- 对特定产品的使用积极性
- 对产品易用性的评价
- 整体顾客满意度
- 顾客对重要事件的满意度
- 顾客对投诉处理的满意程度
- 顾客的意见与建议

这一方法适用于保险公司、银行和建房互助协会。以上项目在很大程度上还只是美好的愿望,因为其中许多项目的数据并不容易获得。但是如果公司愿意花力气去获取这些信息,那么这些愿望就能够转变为强有力的营销工具。

也许很多公司对自己的以上项目都了解得不充分,当然更无法与竞争者进行比较。不过这种情况正在逐渐得到改善,因为要想生存于当今的时代,公司必须努力寻求以上所有关于消费者的问题的答案。

要 点

- 标杆管理是要为公司的绩效设定目标。
- 与竞争者情报联合运用将使标杆管理发挥最大的作用。
- 将本公司业绩与业内最佳以及平均水平进行比较。
- 验证结果。
- 实地拜访的机会是存在的。
- 将标杆管理与改进产品和服务质量联系起来。
- 定期检查进行比较的目标公司。
- 标杆管理不局限于本行业内。
- 对于进行比较的项目,必须了解自身情况。

资源投入

理论上讲,每一家公司都应当投入大量的人力与财力资源进行各种形式的研究。而在实际操作中,这方面的投入却显得严重不足。令银行及保险公司将研发活动看作鸡肋的原因和家用电器及化工公司并无二致:因为会计主管人员是不喜欢研发费用的。

而对竞争者分析来说,我们所需要的是一个规模小但有能力的团队,它应当能够获得高层有力的支持,而不是只由大量的基层员工组成。对这一团队,可以运用传统的计划方法以及职务分析和绩效考核手段,但这样做的后果往往是会形成一个将越来越多时间花在重复性工作上的部门,这一体系也就会变得十分死板,毫无活力。

另一个更好的选择则是保持这个团队的独立性,将其与传统的营销和市场调研部门分开,而在必要时与他们一起协调工作。在这一团队中,应当选择那些不会固执地遵循公司思考及行动模式的人,或者说就是要引入持有不同意见的人。这种做法在大型组织里可能会遭遇公司政治方面的阻挠,而一个有效的克服办法就是让该团队直接向最高管理层负责。这无疑会使另一部分董事和管理者不满,但是如果竞争者分析能够得到适当的运用,那么该团队的很多工作将对公司的大部分人保密。

一些公司更愿意把这个团队归在市场调研与营销部门之中,这样做的确可以使有用的信息得到充分传播,发挥更大作用;但我们也要看到它的不利之处,即在处理紧急项目时,关于如何分配人力以及分配多少的争论时常发生。银行与保险公司已经养成了这种工作的习惯,它们在日常事务上花费了太多的精力,却很少关注重大事件。当竞争者分析的需求因为合并、收购或者合作计划而产生时,公司就应当给予高度的关注,投入全部资源。(比如一个牛仔在受到土著人突然袭击的关头,他应该考虑的是如何保住生命这个最紧迫的问题,而不是家常琐事,此时洗衣与付账都已变得完全不重要了。)前瞻性地运用竞争者分析资源意味着这一团队需要受到保护和支持。在实际中,你常常会碰到这种情形,即使事态已非常紧急,仍有人在苦苦抱怨周报表还没有做好。如果你想要一个出色的竞争者分析团队,那么就一定要保证它不受公司内部政治斗争的干扰和财务上的束缚。

要　点

- 竞争者分析总是投入不足。
- 公司应当建立一个小型的专家团队。
- 不要将这个团队与营销和调研部门混合起来。
- 保持该团队的独立性。
- 确保它拥有足够的权力,并直接向最高管理层汇报。

信息来源

进行竞争者分析的最大问题不在于信息不够，与之相反，问题恰恰在于可以获得的信息太多了。互联网的出现就是近几年信息爆炸的一个例子。信息的来源可以划分为三种：书面的、计算机的以及人际的。在本书5.8节中将详细阐述网络信息。

书面信息的数量非常庞大，最常见的是全球范围内的商业新闻，其次还有其他行业的新闻以及专家分析等。各个公司通过业务报告、新闻发布会等形式也向社会公众传递了大量的信息，其中一些公司对媒体更为友善，因此也有着更高的媒体覆盖率。

许多公司认为利用信息剪报服务就能满足公司全部的需求。尽管这样可以发现一些通常情况下不会注意到的文章或报道，但它充其量只能作为一项辅助服务。因为，不同于全面的信息搜集，这类剪报服务可能会丢掉一些重要消息，比如公司名称并未出现在标题中，只提到了更改后的新名称或者别称，抑或是只告诉人们新公司或老公司进入了新市场而对细节却毫不留意。信息剪报服务还常常忽略一些可提供大量信息的媒介，特别是公司报告、新闻发布会、顾客及员工杂志以及广告等。面向一般公司及个人消费者的广告常会被留意到，剪报服务最容易忽略的是招聘广告，而正是招聘广告，使公司无意间向外界透露了关键消息，如扩张计划等。

搜集竞争者信息的黄金法则是对关键竞争对手的任何消息都不放过。但仅仅搜集到信息是不够的，更重要的是分析这些信息中哪些是有用的，哪些是新的，以及哪些完全不相关。在公司里，这项任务通常交给资历较浅的员工来做，但由于疏忽或经验不足，他们经常会漏掉关键的事实；或者正好相反，提供了过多的冗余信息。

值得特别关注的信息来源是顾客与供应商。销售人员通常可以通过顾客得到竞争者的最新消息,然而大多数公司却浪费了这一渠道,因为销售人员没有足够的激励将信息向上报告,并且他们常常不知道该向谁报告。尤其在银行与保险公司,这类信息特别有价值,却不能得到很好的传递。高层管理者通常认为关于竞争者的传闻和闲谈无关紧要,但他忘了,公司真正在做什么并不太重要,而顾客认为它在做什么才算数。在金融服务业,顾客的感知远比实际情况更有意义。当然,对这一信息传递渠道要花费更多的心思,因为一些公司可能会故意制造关于自己或竞争对手的虚假传言。

需要强调的是,确保所有员工从正确的渠道获取信息并且有效地向上报告,同过滤信息一样重要。

要　点

- 可以获得的信息非常之多。
- 书面与电子信息来源多种多样。
- 外包的信息服务可以作为补充,但不能替代自己拥有的资源。
- 顾客与供应商对你的竞争对手了解相当多。
- 来自于不同来源的信息应当能集中到一起。

确定信息需求

在建立竞争者情报系统前,有必要回答以下几个关键问题:

- 我们为什么需要这些信息?
- 我们用这些信息做什么?
- 我们想要了解关于谁的信息?
- 公司内部哪些人需要得到这些信息?

- 他们对信息需求的紧迫性如何？

实际回答这些问题比它们看起来要复杂得多。公司内不同层次，如管理者、操作者以及与顾客接触的员工，他们都有不同的信息需求。

对于大型公司，还需要考虑另外一个问题，即竞争者情报系统应该是集权式的，还是分权式的？也就是说，应该把全部竞争者信息集中到一起，还是由不同部门的专家各自处理？会计人员对这一问题的回答几乎总是应当采取集权式，然而问题产生了：将专业问题交给非专业人士来分析，代价有多大？

以下给出建立竞争者情报系统时应收集的数据类型的五个关键方面：

- 市场细分
- 公司现有和将来可能的产品及服务
- 公司组织结构及部门划分
- 顾客
- 生产运作和分销

任何一家公司，即使与另外一家看起来非常相似，也有其独特的需求。不过，本书的目的不在于为某一特定公司勾勒出进行竞争者分析的详细过程，而在于为读者思考他所在的公司需要哪种类型的竞争者情报以及如何利用其搜集的信息提供一些帮助。

要　点

- 确定需要什么样的信息以及是谁需要。
- 公司内各个层次的信息需求是不同的。
- 五个关键方面为：市场细分、产品及服务、组织结构、顾客以及生产运作和分销。
- 任何两家公司的信息需求都是不同的。

保守商业秘密

现在,越来越多的公司及其雇员开始惧怕信息落入不道德的人手中,这就导致人们偏执地爱上了保守秘密,甚至对许多公开的信息也守口如瓶。

一些知名公司公开了他们解雇甚至起诉那些不守秘密的雇员的事实,因为他们将不利于公司的消息透露给了竞争对手或者报刊杂志,哪怕他们所说的情况属实。还有一些著名的公司虽然也在执行严格的保密制度,但却不愿公开这一情况,以免损害公司的声誉。上述事实对竞争者进行分析的指导意义在于,有时需要谨慎对待那些可以被追溯到某个具体的个人的信息。获取竞争者情报在一定程度上就像做间谍工作,你需要牺牲一些关于自己或竞争对手的信息,以换取更有用的信息。有些公司会拒绝竞争者分析团队提供的那些未获授权的信息。这在理论上完全正确,但在现实世界中,有时却不得不明知故犯。有时管理者常常向分析团队成员施加过多的压力,强制他们提供信息来源,以供查验信息的可靠性。但无论在怎样的情况下,信息来源都应当受到保护,不过也需切记,非法获取信息是不可饶恕的。

还有一种情况需要给予关注:竞争者分析团队的成员发现了一条非常重要并且具有高度时效性的消息,比如一家大银行正在计划收购本银行,那么传统的信息传递渠道此时可能不再有效。解决办法可以是开通一条直通首席执行官的热线,确保紧急消息不为传统渠道所阻。许多公司认为这样打乱了正常系统的运作,而实际上传统的系统常会过滤掉许多有用的信息。

要　点

- 各公司都很看重保守商业秘密。
- 将公开领域的信息看作秘密是荒唐的。
- 公司需要确定哪些信息才是真正的秘密。
- 信息来源应当受到保护。
- 有些信息性质特殊，必须直接传达至最高层管理者。

第 2 章

谁是你的竞争对手

就在不久前想要确定哪些公司是竞争对手还非常容易。银行与银行之间相互竞争，信用卡公司与保险公司也各自在本行业内竞争；零售商只关注货物的买卖，报刊发行商也仅仅卖报纸杂志，如此等等不一而足。而如今，每一家公司都在进入其他的领域，其中很多通过子公司、合伙或者合资公司等各种形式涉足金融服务业。这么做的目的当然在于为顾客提供尽可能多的金融服务，并因此获得更大的利润。但是同时它们却忽略了一个重要的问题：顾客究竟是想从同一家公司那里获得全部的服务，还是更愿意针对不同的服务项目选择他们认为更加专业的公司呢？还有一种看法是关于销售渠道的，即认为顾客希望从不同的渠道取得产品和服务，包括分支机构、中介、直销、电话销售以及网络销售。尽管存在这样的看法，一些公司依然故我，坚持提供专一的服务并采用单一的销售渠道。至于这种做法是对是错，倒可以成为另一本书的话题。

进行竞争对手分析已不能只关注本公司所在行业了，还必须将范围扩大到其他相关部门，不仅仅包括已经进入核心业务领域的公司，还有那些可能进入的公司（参看 1.3 节内容）。零售商、技术提供商等已开始涉足金融服务领域，而只把他们当作竞争者来搜集信息也是不够的,还应该考虑合作的可能性。一些金融服务业的公司曾拒绝同竞争者合作,原因并不像他们所声称的那样双方经营方式不一致,而是因为害怕。保险公司习惯了和那些比他们更强的顾客讨价还价,比如跨国经纪公司;然而银行却还未适应其潜在的合作伙伴比它们更强更大。要想在与潜在合作者的谈判中占上风,就必须了解谈判对手在做什么,以及他们想要达成的目标和合作的原因,这就需要获得竞争对手的大量情报。举例来说,任何人只要读了一家零售商的财务报告,都能知道它有多少店铺。而关键问题在于这家零售商是如何对待其供应商,如何击败竞争对手的,以及它真正的计划是什么。要了解这些情况,就必须有一定的知识和技能。请原谅我再一次重申,竞争对手情报旨在获取知识,而不是单纯的信息。

随着竞争的加剧,决策时越来越需要考虑不同行业的竞争对手。因此,公司为竞争者分析系统注入一定的灵活性是极有必要的,以应对新竞争者的出现。实际上,竞争对手分析人员很容易走进死胡同,工作了几年后,他们很可能失去灵活性与敏感性。这是相当危险的,因为新竞争对手的出现有时甚至会直接威胁到公司的生存。

我们做一下假设分析。如果所有主要的汽车制造商决定提升它们的保险与信贷服务,不仅仅是提供购车贷款以及三年期的保险,而是为顾客建立终身账户,只要顾客购买本公司的汽车,就为他提供终身的免费保险。如果它们为汽车提供终身的全程保险,结果将会怎样呢?毫无疑问,汽车保险公司都会倒闭,因为它们的新业务来源完全枯竭掉了。再假设一下,如果所有零售商为它们忠诚的客户提供免费信贷业务,情况又会怎样呢?

本章余下部分将重点讨论几个具体的部门。我们不会列出竞争对手情报的全部来源,而是给出几个值得关注的方面。其中会提及进行信息交换的行业团体,尽管在英国以外的国家可能存在类似的非正式团体，但迄今为止似乎还没有正式的这类团体，无论是在欧洲，还是在欧洲以外的其他国家。这种信息交换的行业团体可以说是英国独有的，也许是因为相对于其他国家（比如说美国）。英国的国土面积有限，因而各公司间会面并不需要跨越很长的距离。

对于有分支机构的公司来说，它们很容易将精力放在分支机构的产品和服务上，而忽略了另外一些重要的问题。公司应当对分支机构的地理位置、数量和营业时间进行分析：分支机构能提供哪些产品和服务，而哪些则需要转介到别处？店内的装饰装修以及氛围如何？是否很繁忙？员工工作愉快还是经常冲着顾客发牢骚？店内布置是否干净整洁？顾客在店内受到欢迎还是被限制在小小的范围内活动以免妨碍了店内的日常管理？直到近几年银行与保险公司才开始认识到分支机构是他们与市场最直接的接触场所，而不仅仅是大街上一间邋遢的办公室。

银 行

银行现在经营着不同种类的业务，它们为顾客提供的产品和服务多种多样。获得关于银行信息的一个重要来源就是他们的分支机构网络。

财产保险公司

大多数财产保险公司通过中介机构开展经营，但仍有一部分直接和顾客接触。在英国这一行业内有关于非秘密信息交换的不成文规定，其主要内容是：只要是中介机构或者顾客能够获得的信息，也应该能够为竞争对手所获得。但是并不是每家公司都遵守这项规则，不过那些没能很好地回应竞争者对信息要求的公司往往不是因为怀有敌意，而是因为它们没有适当的部门处理竞争者情报，或者情报部门只是看起来更加重要的营销部门的一小部分。英国有一个正式的市场调研团体："财产保险市场调研协会"，其职能的一部分就是交换市场及公司信息。许多年来这一团体定期召开会议，参加者为房屋保险、汽车保险以及商业保险等方面的专家，他们共同交流信息，而不是为了限定价格或结成卡特尔。

人寿保险公司

寿险公司业内也有一个市场调研团体："寿险市场调研协会"。大多数英国寿险公司都是这一团体的成员。

银行保险公司

银行保险（Bancassurers）是指将银行和保险两种业务融为一体，通常可以归入寿险或一般的产险范畴，因此不需要单独处理。关于银行保险的大部分信息可以从银行的分支机构网络轻易获得。

零售商

直到最近英国的零售商才开始参与金融服务行业，而在欧洲其他国家，零售商已经积累了相当丰富的提供银行及保险服务的经验。获得零售商信息的重要来源就是它们的商店。

产业集团

一些产业集团设有专门的银行或保险分支机构。其中一些只是将银行或保险业务作为公司内部职能的一部分,而另一些则有独立的银行和保险公司作为重要的竞争对手存在。

有人认为银行或保险商的类型是合伙制、上市公司、家族企业抑或是作为产业集团的分支机构都无关紧要。然而,看似安全的分支机构可能会因母公司经营方向的改变而被突然关掉或是卖掉,牢记这一点是明智的。而相反的情况也可能发生(虽然不及前一种那么频繁),行业巨头也会试图建立并发展经营银行及保险业务的分支机构。对竞争者分析而言,在关于金融服务活动的一般信息基础上,还应当追踪并了解母公司与分支机构间的关系:分支机构与母公司总体战略目标是否协调一致?母公司状况的改变是否会影响到分支机构的运作?分支机构是否被用于收购活动?举例来说,如果通用汽车公司收购了美国国际集团(AIG),它是否能够因此提供世界范围内的综合性保险及汽车购买服务,并阻止银行和其他保险公司的竞争?大家是否还记得理查德·布兰森开创 Virgin Direct 公司时造成了多大的震撼。他作为维珍(Virgin)品牌的创始人,毫无金融服务经验,然而他成功的诀窍就在于关注顾客的真正需求并把它落实到产品中去。

技术提供商

技术提供商是金融服务业竞争者分析中常常被忽略的一块。随着银行与保险业务向无纸化方向发展,新的竞争威胁也就出现了。就像货币只是交换的手段一样，银行与保险商所提供的产品最多也只是一种承诺，顾客不一定要得到书面的证明，而只需关于产品的信息以电子方式得到传递以及确认即可。这样一来，技术提供商就能够决定关键的服务因素，并因此取得竞争优势，提供比现有银行更好的服务了。因此，关注技术提供商的动向也是必不可少的。

通信公司

传统的银行与保险公司简单地将计算机和电话当作它们的产品传递渠道，而如今通信公司已将注意力集中于技术及渠道本身上，力争为顾客提供更多的选择，从而公开挑战传统的银行及保险公司。许多管理者忽视了这一现象，但是已有不少跨国通信公司开始向提供多种保险服务转变，并由此挖走了保险行业几十亿美元的收入，给大多数保险公司带来不小的震撼。这又是一个过于关注行业内的竞争对手，却忘了留意来自其他领域的竞争者，因而惨败的例子。

经纪公司

经纪公司是获得竞争者情报的宝贵来源，它们不但了解自己所在的行业，同时对保险公司的现状也了如指掌。经纪行业经历了由帮助购买保险到提供风险分析及风险咨询服务的转变。传统的竞争者分析只关注经纪公司作为保险业务一个环节的职能，却忽略了它们已开发出的风险咨询服务领域。这又可以看作视角过窄的例证之一。大多数保险公司在进行竞争者分析时，将目光放在其他银行及保险公司的活动上，却忘了顾及那些靠佣金起家的顶级经纪公司，等到发现这些公司中的一部分已开始提供非保险解决方案，挤压了保险业务市场时，顾客已流出了本行业而非仅流向同行业中的其他竞争者。

电话经纪商和保险直销商

这类公司以电话方式提供保险服务，基本不提供书面凭证。关于它们的信息也只能从商业广告或是新闻中获得。许多公司曾试图通过假扮成顾客来获取信息，但这种方法费时费力并不讨好。在实现无纸化以前，这种办法还勉强行得通，因为可以编造出一个顾客以及他的住址、职业等。但随着越来越多的公司利用数据库对通话进行记录，它们可以很容易地通过区位码识别出顾客的地址。打一次电话也许能够得到少量信息，不过如果在同一台电话上用不同的名字询问不同的问题，系统就会显示出以前的通话记录并给出警示信号。从理论上讲，公司间已经就不假扮顾客来获取信息达成了协议；而在实际操作中，仍有许多公司在这么做。因此，如今的直销商已经开发出了非常先进的系统，能够通过地址以及电话号码识别出竞争者的员工。

当然，对这一问题还是有合理的解决办法的，就是给员工一定的经费，让他们从特定的竞争对手那里电话购买保险。这样就使得了解竞争者的产品及服务成为可能。

在竞争者分析中常常被忽视的一个重要方面是电话本身。一些公司还没有掌握好如何将顾客需求与技术水平相匹配的艺术，顾客打来电话在等待接通过程中总是播放那些一成不变的音乐或提示语。而这些公司只要实地考察一下成功的电话销售商是如何轻松地接入顾客电话的，就会发现差距所在了。

电话银行

电话银行的问题与电话保险商类似。相当多的电话银行在提供保险和其他服务,其中一些只针对拥有电脑并愿意提供具体个人信息的顾客,因此要员工假扮成顾客更加不容易,因为他们常常被要求提供就职公司的详细信息。

服务供应商

仅仅因为某家公司将天然气、电力或者电缆作为主营业务,就判断它不能或者不打算进入金融服务领域是不合实际的。销售计算机或其他设备并提供相关服务的公司也有可能提供金融服务。它们提供的服务形式包括信贷保险、长期担保保险、融资租赁以及贷款等。当然,对金融服务业的公司而言,理想的情况是这些公司将上述业务外包给银行和保险公司,然而现实并非总是如此。这再一次说明了仅仅追踪竞争对手的行动是不够的,还要试图发现可能的合作机会。

制造商

在本章开头部分曾提到了汽车制造商提供终身保险时所带来的灾难性后果。然而汽车与机器制造商更愿意选择通过银行与保险公司来提供金融服务,因此获取制造商的信息应以发现新的合作机会为目标。同样的机会也存在于专业机械制造领域,如果制造商与保险公司合作，顾客不但可以从制造商处获得高质量的紧急维修与更换服务，并可以最终依赖保险公司来获得损失赔偿。

这里的关键问题在于银行与保险公司常常被批评为将它们的产品与服务推销给顾客，而非从顾客的需求出发设计产品和服务。这种情况就为通过创新来挑战传统的保险与银行业务提供了大量的机会。

要　点

- 银行、财产保险公司、寿险公司、银行保险、建房互助协会以及友好互助协会是容易识别的竞争对手。
- 不要忘记零售商、产业集团、技术提供商、通信公司和服务供应商也是竞争对手。
- 同样还要把经纪公司、电话经纪商、保险直销商以及电话银行纳入竞争对手范围。
- 汽车及机器制造商也在加入竞争。
- 新的产品和服务种类正在不断涌现，而关键在于了解顾客的需求。

第 3 章

公司层次的竞争对手分析管理

在进行竞争对手分析的实践中，不可避免地会遇到无法坚持最初目标的困难。经常发生、同时也必须加以控制的情况是，公司内各个不同部门会向竞争对手分析团队不断施加压力，要求提供它们急需的信息。因此，在确立公司组织结构的时候，就应该做出如下决策：竞争对手分析团队拥有哪些资源，为谁服务等。

公司应认真考虑竞争对手分析团队需要何种资源，是否应将某些任务外包等。此外，要保证这一团队的有效运作，公司还应当设立信息需求的标准并应确保时效性。

竞争对手分析部门的资源配置

正如前面已经提到的那样，公司管理层倾向于将竞争对手分析职能纳入现有的市场营销或市场调研部门。对于小规模的公司来说，这种做法尚还可以接受。但是，由此会导致竞争对手分析得不到足够的重视，成为一项偶尔为之的事情。这样一种运作机制会导致公司内部财力与人力分配上的斗争。一个较好的解决办法就是设立独立的部门,制定长期计划并为之提供十年以上的财力保障。然而事情并未就此结束,高层管理者还需要每年重申竞争对手分析部门存在的必要性并确保资金按时到位;否则,这一部门迟早会在成本控制人员的大力推动下被取消,或者在人力以及其他资源方面受到各种限制,因此无法正常行使其职能。在产业公司内,竞争对手分析可能作为研发部门的一部分,银行与保险公司也可以采用同样的办法。但是,你不能指望你的医生兼职作兽医,闲暇时为你的宠物作治疗;同样的逻辑,你又怎么能认为营销及市场调研部门会主动去做竞争对手分析?如果只是认为某些部门的职能未能得到充分发挥,你可以另寻他法,而不应该用竞争对手分析来填补这一空白。

在进行计划及组织结构设计时,就应该将竞争对手分析纳入考虑范围;而竞争对手分析部门也需要进行计划、组织以及市场调研等。它应该是一个独立的部门,并在必要时应能够获得公司管理者及其他部门的协助。公司应当充分保证竞争对手分析团队的独立性,其原因在于这项工作常会涉及营销及销售人员都不知道的机密信息。鉴于这项工作的重要性,竞争对手分析部门应安排在离首席执行官较近的地方,比如说公司总部。

另外,提供充足的资金以保证竞争对手分析部门能够获得高质量的人力资源也是至关重要的。部门过大并且存在冗余不是好事,雇佣少量的高薪专家远远胜过拥有一大批低层文员。不要试图把竞争对手分析部门变成一个垃圾处理场,将不适合组织内部其他部门的人员全部分到这里。竞争对手分析正如市场营销等职能一样,要求员工拥有专业技能并且全身心地投入。

竞争对手情报及分析系统决定了公司的长期生存能力,因此这一系统既昂贵又难以维护。在公司遇到困难时,它常常作为最先被裁掉的部门;然而真正遇到困境时,它却更能起到扭转局势的作用。这一部门的持续良好运作要花费数年工夫,并且不能时断时续。它依赖于公司内部的协助以及管理者无法控制的外部资源，因此高层管理者应为其提供支持，以帮助它克服困难并取得公司内其他部门的信任。

要 点

- 竞争对手分析应独立于市场营销及调研部门之外。
- 不要将竞争对手分析作为任何现有部门的附加部分。
- 为其提供长期资金支持，而不应时断时续。
- 竞争对手分析部门应设在总部。
- 配备高质量的人员。

是否外包

外包日益流行，因此管理者也常常受到将竞争对手分析外包的诱惑。问题在于并不存在这一领域的供应商。的确有市场调研公司、市场分析公司以及信息剪报服务机构等，但是它们都不提供完整的竞争对手分析服务。将某一特定项目外包是可能的，但要注意的是只有屈指可数的个人或公司有提供有用信息并进行分析的能力。相关内容请参看第 11 章。

要 点

- 没有提供完整竞争对手分析服务的供应商。
- 公司应在自有团队的基础上借助外部的专家帮助。

竞争对手分析部门的管理

一个信息提供部门所面临的最大问题是,它做得越出色,来自公司其他部门的信息需求也就越大,它将成为其他部门的廉价信息渠道。来自其他部门的信息需求既包括某一特定产品的竞争力如何,也包括潜在合作伙伴或新顾客的一整套分析。通常情况下,每个部门都认为自己所需要的信息最为紧要,并且不必付酬。因而强势领导对竞争对手分析部门的正常运作至关重要。日复一日救火式的工作将使其忽略真正重要的战略目标。

竞争对手分析部门的领导及其直接的高层管理者必须全面控制该部门的日常运作。一种办法是在项目基础上进行月度检查,从而确定各个项目的优先级别并对资源进行最优分配。在分析具体项目时,需要了解以下几个方面:项目名称,内容,开始日期,计划结束日期,负责人,委托人,额外成本,所使用的外部供应商以及存在的问题等。

对于任何形式的计划来说,都面临着计划编制比实际完成工作花费更多时间的问题。但这样做是值得的,因为众多部门都会要求竞争对手分析团队为自己提供信息,只有细心计划才能保证有条不紊。

显而易见,从一开始就确定竞争对手分析部门为谁服务,并在执行过程中严格遵守是非常重要的。公司内部的强权和政治压力应被及时抵制。而对于某一部门新提出的信息要求,如果它不是真正需要的,或者该部门能够自行解决,那么竞争对手分析部门就不应接受。这里,我们推荐一种控制方法,就是对信息需求部门收取费用,计算方法为人员及机器费率乘以实际消耗时间,并加上摊销的间接费用以及紧急任务加成(参看 3.8 节内容)。

要　点

- 竞争对手分析部门做得越好，它被要求的也就越多。
- 对公司内部其他部门提出的额外信息需求收取费用。
- 严格控制竞争对手分析团队的日常运作。
- 不要采取救火式解决问题的方法。
- 谨慎接受新任务。

确立基准

从零开始建立起一整套竞争对手分析系统成本太过高昂，许多公司采取的办法都是将不同部门以不同方式，甚至在不同国家完成的有关竞争对手分析的零星工作集中在一起。这也有两种方法，一种方法是不顾已有成果而从头开始，另一种方法则是将那些已有的，但是分散的工作整合起来。因为完全抛弃已有成果意味着可能会永久丢掉一些非常有用的信息。

不管选择哪一种方法，关键都是要理解分析的焦点所在。这里，国际长途赛车可以是一个很好的比喻：从理论上讲，每一位参赛选手都是从相同的起点出发，然而实际上，由于汽车性能的差异，以及比赛经验的不同，他们的起点并不一样。不过到最后结果公布时，每一个选手都会了解到自己的位置。竞争对手分析在一定程度上与这相似，只是没有人来组织比赛并设立规则。

公司在进行竞争者分析时，要决定将竞争对手与自己现有的状况还是将来的目标状况进行比较。不同的比较基准的确立，取决于公司战略。如果公司追求的是盈利性，那么它所设立的基准将不同于增加顾客数量目标下的基准，同样也不同于其他各种战略目标下的基准。因此，一种办法是首先找出公司现在所在以及将要进入的各个领域的最顶尖的竞争对手，然后结合已有的内部信息，来确立比较基准。

如果最顶尖的竞争对手拥有 50 万顾客，而进行竞争者分析的公司有 10 万顾客，那么可以通过对这些总数的衡量来确立基准。复杂一些的情况是，顶尖的竞争对手在一年内获得了 5 000 名新顾客，同时失去了 3 000 名老顾客；而本公司同样取得了 5 000 名新顾客却只丢掉了 1 000 名老顾客，那么这时合适的竞争者分析基准就要建立在变化量而非总量的基础上。

会计人员总是喜欢数字，而战略制定者却关注数字背后的原因。如果 A 公司取得了 B 公司两倍多的新顾客却同时失去了两倍于 B 公司的老顾客，原因何在？C 公司只获得了非常少的新顾客，然而却几乎没有老顾客流失，原因又是什么？这些都是非常重要的竞争者分析因素。就像在一部好的侦探小说中，时间、人物、事件等往往都不如原因更加引人入胜。

当依据基准进行比较时，竞争者分析团队很容易落入平均看待每一因素的陷阱中。事实上，一些竞争因素会比其他的更有份量，所以要考虑为它们赋予不同的权重。举例来说，了解竞争对手有多种方式，打电话可以作为最主要的方式，而当直接拜访分支机构作为重点时，打电话就成了辅助方式。又比如一家公司提供非常多样的产品和服务，其中一些是核心产品或服务，而另外一些则是辅助性的。同样对于某一单项产品来说，它的各种特质以及性能对消费者也并非同等重要。

要　点

- 从零开始建立竞争者分析系统效果最好。
- 确定公司所涉及的各个细分市场中最佳的竞争对手是谁。
- 仅有数字是不够的，数字背后的原因更值得关注。
- 分析哪些比较基准相对重要，而哪些则不太重要。

定期更新基准

比较基准一旦设立，似乎年复一年地运用它们就非常容易了，毕竟这些基准使得与竞争对手的比较更加容易并且有章可循。然而现实远非如此简单，你必须定期检查这些基准，看它们是否仍然合适。设想如果A公司对竞争态势已不再重要，而新进入的X公司取代了它的地位，那么继续将A公司作为比较基准就意义不大了。再比如，当潮流转向为专业人士提供特别服务而向其他顾客提供电话银行业务时，继续比较那些传统的银行账户业务也就失去了意义。

因此，公司最好确定每年定期检查所有的基准，包括公司方面、产品方面以及服务方面。你的公司可能已经进入了某些新领域，因此有必要加入这一新领域的比较基准。

当然，定期更新会不可避免地使年度比较数据更加难以利用，但是如果不进行更新，继续与那些已不再重要的老对手比较，则更加没有意义。我们真正需要的是与现有竞争对手的比较，并且如果你足够聪明的话，那么你还可以与未来五年到十年内可能的竞争对手进行比较。

要 点

- 对比较基准应定期更新。
- 检查进行比较的公司。
- 检查比较的产品和服务。

确定不同的信息需求

寿险公司、财产保险公司以及银行都有着不同的需求。对现代的金融机构来说,以上所有业务可能属于同一家公司,因此它的每一部门对竞争者信息就有着不同的需求。简单的做法是将统一的信息内容分发给不同的部门,然而这样做使任何一个部门都无法获益。我们所需要的是对不同类的业务提供不同的信息,即使这些业务属于同一家公司。

但是,同样不能忘记的是对全局的把握。这里给出一个虚拟的例子,一家大银行旗下拥有电话银行、分支机构、汽车保险、医疗保险以及寿险公司。每一个分公司都有独特的信息需求,但是竞争者分析部门对整个公司层面的理解也不可忽视。公司要了解自己和竞争对手的优势劣势分别在哪里,例如,这家大银行长于银行及寿险业务,而在汽车保险方面却是挣扎求生,那么这就为它的竞争对手提供了一线契机,即通过对现有的电话银行顾客交叉销售折扣汽车保险,从而抢得这家大银行的一些市场份额。

此外,需要指出的是即使在某一分公司内部,比方说宠物保险,信息需求也是不统一的。承销商所需要的竞争者信息对营销及广告人员可能毫无用处;计划制定者的信息需求也会区别于市场调研人员。

要 点

- 考虑总公司及分公司不同的信息需求。
- 不要只提供统一的信息内容。
- 对全局的把握同样重要。
- 找出竞争优势及劣势。
- 在同一分公司内不同的职能部门也有着不同的信息需求。

防止信息过载

计算机本应减轻我们的工作负担,它理应取代部分人力劳动,并降低管理活动的复杂性;然而在现实中,它却成了增加管理层以及员工压力的元凶。信息从各种渠道涌来:邮件,传真,E-mail,互联网,快递,固定电话以及移动电话。人们已经无法处理如此之多的信息。

关于竞争者分析的信息数量也相当庞大,因此人们必须对其进行有效的管理。同样,我们也要管理向外传递的信息。许多管理者只想要很精练的信息,而另一些管理者则需要大量的细节情况。这就使竞争者分析团队日子非常难熬,因为他们找不出一致的答案。

那些最精练的信息有时也可能是一种偷懒的结果。人们常常容易犯下只给出非常简单的信息,却不提供重要背景知识的错误。这样做是很危险的,因为正是背景知识使得那些精练的信息变得有意义。

在竞争者分析部门,对任何信息都适用的一条判断标准是:它是有趣还是有用?有趣的信息并不一定有用。考虑信息的有用性对于决定如何利用它至关重要。

要 点

- 计算机很重要。
- 对信息应当加以管理。
- 只提供有用的信息。

内部支付与转移定价

正如在3.3节中提到的,竞争者分析团队可能因为来自不同的管理者以及部门的信息需求而陷入困境。而那些要求提供信息的人或部门总是自认为他们以及他们所需求的信息才是唯一要紧的。而且,对竞争者分析团队的信息需求往往都是在最后关头才提出,并且极少伴有对具体需求的说明。改变这一状况不能单纯依靠高层管理者的全力支持,或是让竞争者分析团队的领导躲起来,一条可能的出路在于进行转移定价。

首先,公司应将竞争者分析团队视同一个外部机构,因此对它提供的每一项服务都要付费。计算日常的工作成本应在全部人力、设备、内外部资源耗费的基础上进行加成。需求信息的部门具体如何支付费用对每一家公司来说有不同的办法。如果竞争者分析团队的所有花费都由一笔特定的资金补偿,则其他部门将失去精简其信息需求的动力。相反,如果要求信息的部门为它们得到的信息付费,那么它们就要好好考虑一下哪些信息是真正需要的。一种办法是给各部门分配限额,超出部分的信息要求将按分析团队实际消耗的时间来付费;另外,为了避免它们总是在最后关头提出信息请求,加急的工作应在一般收费的基础上翻倍。也就是说,总的收费标准是对额外信息需求收费并有紧急任务的时间加成。这样有助于促进各部门认真考虑它们的信息需求，避免向竞争者分析团队提出不必要的信息请求。

然而不幸的是，转移定价增加了管理负担。但不论如何，它还是避免了许多争论。

要 点

- 向额外的信息需求收取费用。
- 计算成本时应考虑间接费用的分配。
- 控制信息需求并对紧急任务增加收费。
- 收费标准为全部耗费以及紧急任务的时间加成。

信息传递通道

明确的信息传递通道对竞争者分析团队至关重要，对机密信息来说尤其如此。理想的情况是，信息应直接到达真正的需求者那里。将信息按照公司的组织结构进行传递看似合理，然而传递通道中涉及的个人难免会对信息进行或多或少的改动。人们有这样一种倾向，即过滤掉对自己不利的信息，而保留甚至夸大对本人或本部门有利，以及对对手不利的信息。因此，应确保信息是未经改动的，或者如果有改动，也能明显地辨认出来并能推断改动者是谁。这样有利于限制公司内部的政治斗争。

一旦公司达到一定规模以上，都会多多少少受到内部政治斗争的干扰。因此，公司应尽量保证竞争者分析团队远离政治斗争。一种办法是确保竞争者分析团队所提供的信息不是用以支持某一立场；另一种方法则是使其直接对首席执行官负责，因此管理层中的敌对团体无法向其施加压力。

要 点

- 明确的信息传递通道至关重要。
- 防止信息受到内部政治斗争的影响。
- 将信息只传递给真正需要的人。
- 留心行政干预。
- 确保信息的改动能够得到追溯。

第4章

竞争对手分析的战略框架

上一章我们谈到从零开始建立竞争对手分析部门往往比整合现有的活动要来得容易。建立竞争对手分析部门,公司首先要考虑的问题包括竞争对手分析团队的职责,目标,搜寻哪些信息,分析何种信息等。接下来就可以决定将何种信息传递出去,传递给谁,如何传递以及何时传递。

公司内部各部门间的联络,与外部供应商、顾客甚至是竞争对手的联络也都是在设立竞争对手分析团队之初应当考虑的重要方面。

职 责

确保竞争对手分析团队有一个具体的负责人是非常重要的,这将使责任明晰。尽管计划制定者有将简单事情弄复杂的习惯,并且在分析谁该做什么上花费了比实际做事情更多的时间,但不可否认计划有其必要性。因此竞争对手分析团队应当确定一个明确的重心,并就其团队目标、向谁汇报、如何运作等问题达成一致。

要　点

- 谁对竞争者分析团队负责?
- 建立明确的汇报渠道。
- 就如何运作达成一致。

搜寻何种信息

具体地讲,搜寻什么样的信息取决于公司类型。一家传统银行与电话银行有着不同的信息需求;综合性保险公司和专项保险公司关注的东西不尽相同;信用卡公司与建房互助协会想要的信息也各不相同。但是无论对哪种类型的公司,以下所列各个方面都是必不可少的(参看 14.5 节):

公司概况

名称

商号

所有权形式

最终所有人

近期所有权变化带来的影响

总部地点

分支机构及地区办事处

财务状况

员工人数

重要管理者

分销渠道

主要经营范围

产品与服务

新产品领域

已撤出及未进入的产品领域

合资公司

近期重大事项

正在进行的业务活动及计划

战略，包括组织目标、愿景、使命陈述以及经营哲学

优势

劣势

机会

威胁

风险管理

服务标准

重要客户

总体评价

要　点

- 确定需要何种信息。
- 建立评价竞争对手的标准格式。
- 将这一格式作为分析的基础。

分析何种信息

在确定分析何种信息时，我们应在一张空白的单子上列出所有的信息种类，尽量避免遗漏；然后根据一定的判断标准删除某些信

息种类，最后留下的信息就是要分析的内容，而对那些被删除的信息，也要考虑为什么不需要分析它。

首先，列出所有可能有用的信息种类。然后剔除掉那些感兴趣、但是无法使用的信息种类，以及那些你确实想知道、但是无法搜寻到的信息种类。最后剩下的就是值得分析的核心信息。

在开始分析工作之前，我们应当先将关于本公司以及一家竞争对手的核心信息集中起来。这样做通常能够揭示出另外一些你同样需要分析的信息种类。例如，信息有软硬之分，"硬信息"是指客观可靠的信息，比如顾客数量；而"软信息"则包含主观的判断，比如对竞争对手对顾客态度的评价。"软信息"往往能比"硬信息"提供更多的信息含量，更重要的是，"软信息"还可以更加容易地运用于战略及战术上。

分析何种信息取决于公司的种类，以及公司准备将信息用于何处。对最初结果采用头脑风暴法进行讨论，常常可以区分哪些是非常有用的信息，哪些是可能有些用处然而在实际中无法获得的信息，以及哪些是毫无用处的信息。在这一过程中注意不要将任何一条信息当作固定不变的"真理"，因为一家公司可能在一份报告中列出一项事实，而到了下一年却给出完全相反的信息。

在比较现有信息时应留意是否有遗漏，因为公司倾向于发布好消息，而对不利消息闭口不谈。一家公司也许会改变说法，不讲它有多少顾客，而是说在竞争市场中它谋求的是更长远的盈利性（言下之意就是说，它正在流失大量顾客，却不知如何扭转这一趋势）。另一种能够揭示真相的方法就是考察它去年发起的活动中今年还有哪些仍在提及，而哪些则被悄悄地忽略了。

以上的例子都说明你永远不能对一个公司提供的关于它自己的信息仅从表面进行分析。公关人员和信息发布官的职责就是将实际情况涂上一层对公司有利的色彩。举例来说，一家汽车保险公司也许会声称"从开业以来，我们已取得100万张新保单"，这句话可以轻易地解释成它确实拥有 100 万顾客；而实际情况却是，考虑到保单取消以及保单失效的情况，真实的顾客数量可能只有 50 万~75 万。

要　点

- 你无法分析所有种类的信息。
- 在决定分析何种信息时尽量避免遗漏。
- 列出本公司和竞争对手的核心信息。
- 利用头脑风暴法。
- 不要仅从表面分析信息。

将信息传递给谁

任何一家公司的任何一个部门或是分支机构，都是由员工以及管理者构成的。这并不是说管理者不用干活，只是说他们不用在具体的技术层面上工作，因为技术人员在这方面比他们更具实力。但是管理者可以完成技术人员无法完成的工作，比如说利用人际关系使事情顺利进行。

竞争者分析团队应确保将信息传递给那些能够最好地利用这些信息，并且能提供适当反馈的人，而不是简单地将信息分发给某一层级的所有人员。就像分配公司用车，如果抱着“平均分配”的念头，就没法进行下去。因此，有必要控制信息的流向，确保它只传递给那些真正需要的人。当有人向竞争者分析团队提出信息要求时，问清楚他将如何利用这些信息。

要 点

- 决定将信息传递给谁。
- 保证信息传递给真正需要的个人或部门。
- 不要费时费力地把信息传递给所有部门，因为它们中的一些完全无法使信息派上用场。

何时传递信息

跟踪研究的结果发现，公司通常的做法是按季度、半年或者每两个月进行一次信息报告，并每年汇总一次。对于特别的活动，当然要另外设立时间表。其他的定期信息每周做一次小结当然要比每月一次更好。此外，如果因为假期的缘故会有几周不做信息汇总，那么最好提前告知公司的管理层。

一些信息可能每日都需要汇报，然而在实际中很少有这种情况。更多的是紧急信息，因此有必要为其设立特殊通道，以跨过正规的程序。比方说，一家重要的竞争对手突然间由盈利转为亏损，甚至要被收购或者出售，那么这一信息就是非常紧急的，应该有一条快速通道来确保其迅速传递到需要的人手中，并且标记出信息的紧急程度。

要　点

- 确定何时传递信息。
- 每年进行一次更新。
- 定期信息每日每周小结要好于月度汇总。
- 为紧急信息设立快速传递通道。
- 对通过快速通道传递的信息标记紧急程度，以保证引起接受者的足够重视。

如何传递信息

在计算机统治的现代社会，把所有的东西都放到电脑上是很有诱惑力的。尽管计算机对于储存和编辑信息功不可没，但计算机的过度使用仍颇具争议。一方面，员工长期在电脑前工作对健康有害，另一方面在于人们对于屏幕上的信息只能保持短暂的注意力。

如果信息接收者在很远的距离之外，那么通过计算机传递信息无疑是最好的办法。竞争者分析团队提供的信息可以分为三类。第一类相当于日报提供的信息，简明易懂，并且纸质载体使其可以在旅行中阅读，但也会被轻易扔掉。第二类信息相对复杂，并且应当备份以用于参考。通过计算机以只读方式传递是一个较为容易的办法。第三类信息最为复杂，通常是为接收者个别定制的，并要求与其他的书面或电子方式结合起来。在线传递的方式最适合这类信息。

竞争者分析团队始终应关注的一件事就是保护它们的信息。在电脑上获取各种信息的细节，或者下载以供日后使用毫无疑问是可以的。但是如果分析团队以外的人能够访问信息并进行改动，则是不允许的。

特别是在收购情况下,更要保证某些重要信息只传递给特定的接收者,而非全部的一般接收者。此外,安全、保密的传递过程也应事先就设计好。

要 点

- 利用计算机以及在线传递方式。
- 不要忽视纸质载体。
- 不同类型的信息适用不同的传递方式。
- 保证信息不被接收者随意改动。
- 确保敏感信息只传递给关键人员。

与竞争对手的联络

尽管老式的做法是避免与竞争者接触,但不可否认,与竞争对手联络有其意义所在。在进行标杆管理时,公司就需要和竞争者进行公开的讨论。更为实际的做法是,对某一特定竞争对手都感兴趣的几家公司一起,向该竞争对手提出信息披露请求。这种合作的方式相对于它们各自提出要求的情形更容易得到回复。

在搜寻竞争者信息时,多家公司联合起来,将它们各自取得的信息集中在一起,要比分别独立完成这项工作有效率得多。在市场调研方面,有信息需求的公司数目往往不大,同样地,它们感兴趣的公司的数目也不太多,这时分享信息几乎成了唯一的解决方案。

另外一条与竞争者协同工作的原因在于,这样做可以有效地验证已获得的关于竞争者的信息是否可靠。分享信息并不像许多人所认为的那样如洪水猛兽。不幸的是,银行与保险业天生的保密特质使得它们即使对股东和顾客也不透露信息,并且声称这样做是因为这些信息太过专业,股东和顾客无论如何也弄不懂。过度保密会滋生自大的情绪,这样的态度使竞争者分析难以进行,因为任何说明竞争对手比自己更优秀的信息都会被打上怀疑的标签,而最终公司也会因此落败。

不过,在银行与保险行业(至少在英国)有不少调查团体,它们的职能之一就是进行公司间的信息交换。同样,它们也对公司的消费者展开联合调查。

要　点

- 与竞争者联络并非叛变行为。
- 交换信息。
- 考虑联合行动。
- 利用竞争者验证已有信息的可靠性。
- 加入或者建立信息调查团体。

与大型顾客的联络

在合资与合作盛行的年代,银行与保险公司通过合伙形式与其产品批发商合作非常重要,可以合作的批发商包括子公司、经纪公司、零售商等等。

合作内容的一部分就是信息共享。这比它看起来要难得多,因为并不是所有内部流传的信息都可以透露给合作伙伴。然而在真正的合作关系中,无论好消息还是坏消息,都是共同拥有的。批发商作为合作者有助于竞争者分析的进行，他们能够提供自己的竞争者分析团队所获得的信息。当然，他们的作用绝不止于额外的信息来源，他们还在对竞争对手及你公司的行动给出有价值的见解方面扮演了重要的角色。举例来说，如果你是一家保险公司，并吹嘘能够在七天内处理好所有的理赔，那么来自公司内部的信息仅仅能够说明你是否达到了自己的目标。但是批发商则可以提供来自顾客的信息，从而能够检验你的理赔速度是否达到了顾客满意的程度。而更重要的是，批发商还可以提供有关竞争对手的情况，在这个例子中，如果竞争对手能在五天内处理好理赔，那么你就没有理由为七天理赔率而沾沾自喜了。

竞争者分析对于发现竞争对手如何处理与关键顾客或者潜在关键顾客的关系方面也非常有用。此外，对合作伙伴批发商进行分析也相当重要，这并不像它听起来的那样荒谬，而是为了谨慎起见。比如说，你已花费数年时间与一家经纪公司或超级市场建立起合作关系，突然某一天他却被你的竞争对手收购去了，那么你就有可能因此丢掉一大块生意。但是如果你之前已预料到这场变故，那你至少还可以准备一套应对意外的方案，考虑其他备选的销售渠道。拿驾车打个比方：如果你没有预计到前方堵车，就可能被困住几个小时；但是如果你事先已为堵车做好了准备，考虑了其他可供选择的路线，那么你就能节省一些时间。当然，没人能阻止生意流向其他的地方，但是竞争者分析至少可以让你有采取行动的机会。举个例子，假设你与英国最顶尖的超级市场建立了合作关系，这自然意味着你在其他几家排名靠前的超级市场那里不太受欢迎（这几家超市与同你合作的超市间是竞争关系）。如果你的合作伙伴被收购，你可以运用已计划好的替代策略，选择另一家超级市场，也就是你原有合作伙伴的竞争对手，重新建立合作关系。

要　点

- 与合作伙伴批发商分享信息。
- 通过批发商取得关于竞争对手的情报。
- 考察竞争对手与你的批发商之间的关系。
- 同样也要分析批发商。

与小型顾客的联络

大多数金融服务组织现在都已认识到顾客忠诚与市场调研的重要性。即使是单个顾客也可以成为竞争者信息的重要来源。顾客的不满和抱怨通常是在公司收到投诉的那一级进行处理，而很少传递到公司的中心职能部门。然而正是这些不满可以为竞争者分析系统提供有用的信息，比方说，顾客抱怨你在周六不营业，而竞争对手却照常营业。对这些顾客的进一步调查还可以说明他们在周六需要哪些服务，以及竞争对手能够提供哪些服务。

市场调研可以通过对顾客提问来了解他们还在使用哪些竞争对手的产品和服务。调研结果有时能够派上用场，但常常会被淹没在大量搜集来的信息里。因此，你可以将市场调研结果同竞争者信息结合使用，或者通过对使用竞争对手产品及服务的顾客做进一步的调查，来获取更多的信息。

零售商还常常会玩这样的小把戏，比如承诺“如果你在其他地方买得到更便宜的同样产品，我们将把差额退还给你”。银行与保险公司觉得这种办法不适合它们，因为没有两项金融产品可以恰当地相提并论。但是通过顾客反馈来了解竞争对手在提供什么样的产品及服务仍然非常重要。

此外,还要注意传统市场调研的不足之处,即它不能提供竞争者分析系统所需的细节。例如,市场调研会询问顾客为何选择A银行而不是B银行,却不会问顾客为何抛开B银行及C银行而投向A银行。市场调研人员会就这一点做出辩解,但他们所提的问题确实是“你为什么选择我们的产品和服务?”而这一问题绝不同于“是什么负面因素使你拒绝了竞争者的产品?”

要 点

- 与顾客分享某些信息。
- 通过顾客获得关于竞争对手的信息。
- 采用市场调研了解竞争者。
- 对正面以及负面信息同样加以利用。

与供应商的联络

银行与保险公司也许会申辩它们不同于制造部门,并没有所谓的供应商。但是事实上,许多公司都可以看作是它们的供应商,如人力资源咨询机构、计算机供应与咨询商、律师事务所、会计师事务所以及市场调研公司等。

各种类型的供应商通常都会说职业道德要求它们为客户保守秘密。但在实际中,当你公司的员工与供应商的员工聚到一起时,自然而然地就会谈及竞争对手。这种渠道获得的信息看似无关紧要,把它们全部汇集到一起却能提供关于竞争者行动的最新信息。因此有必要将这类信息传递给竞争者分析团队,以确保该信息不被浪费。

某些类型的供应商看起来似乎不能提供什么信息，比如人力资源咨询机构。但实际情况是，职位申请者有时会揭示出一些有意思的细节。为什么一位有天赋并受过良好训练的专业人士会突然间急于离开 B 银行？为什么培训生会成群离开 C 经纪公司？为什么你的优秀员工都流向了 Z 保险公司？为什么 T 城市忽然间流失了大量电话销售人员？人人都知道闲谈和小道消息是巨大的信息来源，却极少有公司将这一信息渠道引入竞争者分析系统。

要点

- 通过供应商来获取竞争者信息。
- 确保各专业部门做好信息传递工作。
- 确保各专业部门都理解搜集信息的必要性。
- 对传闻加以利用。

第 5 章

信息来源

信息的来源渠道非常之多，但不幸的是它们中的很多都在公司的研究中被忽略了。信息的主要来源包括员工、竞争对手、供应商、消费者、同业公会、出版物、网络信息、新闻杂志、政府机构、产品说明书、直邮广告、报刊杂志广告、电视电台广告、招聘广告、商展和交易会、展览会和交流会以及信息剪报服务等。

间接信息来源同直接信息来源一样重要，它包括辛迪加内部的交流、秘密购物和海外关系网等。

员　工

随着内勤人员的减少，员工与顾客直接会面或电话联系越来越多了，他们能够从中获得很多关于竞争者的直接信息。因此，公司应当鼓励员工主动向竞争者分析部门提供这些信息，员工们也应当懂得这样做的重要性。当然，搜集信息时注意不要对员工反复询问。此外，你还可以主动地在竞争者分析中使用员工，通过他们搜集某一特定竞争者或者潜在合作伙伴的信息。

在足球界，一名球员转会到另一家俱乐部，当他与原来的球队对阵时，现在的教练不必为通过这名球员了解到原俱乐部的战术或其他信息而感到任何愧疚。而在金融服务领域，人们还没有类似的意识。

从敌人的阵营里吸收的，或者是己方安插在里面的间谍，都可以提供大量关于对方的情报。令人费解的是金融公司在招募了竞争者的雇员后，为什么不把听取对方信息的汇报作为招聘程序的一部分呢？大概是没有人有这样的想法，或是不知道应该问什么样的问题。从这种途径获得的竞争对手的情报尤其珍贵，由于情报很快会过期，所以必须尽快利用。

不过，使用这种方式搜集信息时，雇员使用公司信息的合法性值得研究。在英国，什么可以什么不可以在理论上是很清楚的，不过，它们的理论差别很难应用到实际中来。法律对相关信息的使用有非常严格的规定，如果是将公司的保密文件交给它们的竞争对手，就会引来法院的禁止令和诉讼。如果某公司的雇员跳槽到竞争对手那里，那么这里牵扯到的有关该公司和个人的信息就有三种类型：商业秘密、秘密信息和这名雇员自己拥有的技能和知识。

尽管对商业秘密在法律上还没有明确的定义，但是它属于最高机密！法院会根据案件的不同情况来做出裁决。其中，最重要的考虑因素是该信息的性质和它在公司里的保密程度。比如会议制定的公司战略（尽管可能会有人挖苦说没有战略才是机密）和高度敏感的财务信息都属于这一类。对商业秘密的保护在雇员的劳动合同上往往会有专门的条款加以规定，但是即使没有任何条款，法院也倾向于认为雇员在雇佣期及雇佣期之后都有义务不使用或向其他人透露商业秘密。

秘密信息得到的保护就没有这么多了。如何判定某一信息是否是秘密信息也依案件的具体情况而定，它可能会包括客户和供应商名单、销售情况图表及其分析以及新产品的信息等。和商业秘密一样，员工劳动合同上的条款也会在雇佣期及雇佣期之后为秘密信息提供一定的保护。法院同样也认为雇员有义务在雇佣期间不得向其他人透露秘密信息，但不同的是在雇佣期后他们就不再负有这样的义务了。不过，这里的例外是雇员如果在雇佣期间拷贝或者传递了秘密信息，那么禁止不当使用的义务就会持续到雇佣期后。实际上雇员通常都把最关心的信息记在了心里，而且即使他们有拷贝公司也很难取证。这条冠冕堂皇的法令的作用就是，如果有人从你的竞争对手那里跳到你的公司，那么你可以用各种方法来获得他提供给你的信息，并把它们转变成你自己的资料格式。不过，千万不要保留任何同他以前的工作有关的书面文档。

公司如果是通过违法的方式获得了竞争者的商业秘密和秘密信息的话，那么对这些信息的使用是严格禁止的。但是如果是公司不知道其秘密性质而购买的信息，或者是由于广泛的传播而失去秘密性的信息就没有关系了。尤其是后一种情况，竞争者很难阻止你从它的雇员以外的人那里取得并使用信息。

第三种信息是雇员自己的技能和知识。和前两者一样，判定是否属于这个类别也要根据案件的不同情况而定。它一般包括市场开拓和营销方面的一般常识、市场信息、产品和价格信息以及众所周知的供应商和中介机构的信息等。这一类信息没有任何的秘密性可言，在雇佣期内雇员有义务不在公司以外的其他地方使用这些技能和知识，但是一旦离开了公司，这种义务也就随之消失了。

情报工作，尤其是对竞争者公司的情报搜集有一个方法，就是应聘为目标公司几个月的短期雇员。对于银行业和保险业来说，以这种方式进行一年左右的调查并不少见。虽然没有证据，但是可以推断肯定有保险公司会使用这种方法，他们让本公司的高级经理为竞争者工作一段时间以收集对方的资料，一年后这个雇员又会回到他原先所在的公司。一些公司在对某些竞争者实行并购计划时通常会让一两个自己的重要职员渗透到对方的公司。如果兼并成功了他们就没有回归的必要了；即使没有成功，他们也还可以回来。这种做法唯一的缺点就是雇员可能在渗入其他公司后就不愿回来而成为“反间谍”人员了。

总而言之，长期的渗透计划很困难，不过时间较短的短期渗透还是可以做到的，或者甚至只是经常性地派雇员去对方公司参加面试也能获得关于竞争者最新业务的信息。

要　点

- 培养所有的员工去收集信息。
- 以主动的方式从员工处获取信息。
- 注意信息的合法性。
- 从新员工处收集信息。
- 小心竞争者的商业间谍。

消费者

第 4 章中我们曾提到，消费者是丰富的信息来源。硬性信息固然非常重要，但消费者对竞争者的感觉这类软性信息往往更为重要，而获取并分析这类信息也要难得多。M 银行提供免费的活期存款账户、遍及各地的分行、卓越的系统和极好的产品，但是如果消费者认为在该银行并没有一种受欢迎的气氛而只是感觉遭到冷遇的话，那么这个信息对你的营销会起到至关重要的作用。

收集消费者对市场的感觉的信息也同样有用。比如说 A 公司并不是市场上最大的汽车保险公司，但是公众却认为它是。在这里，对事实的感觉和事实同样重要。市场营销人员往往会错误地假设消费者拥有所有的信息，实际上这是不可能的。所以消费者对于竞争者在做什么的感觉或者对它们的产品有多好的感觉就很重要。有一家保险公司对各大公司的各种保险进行了匿名调查。该公司在一个专业领域是市场领导者，但是它提供的保险产品范围并不广泛。调查显示，该公司在养老金保险业的知名度排名第二。但是，事实上该公司从来就没有为消费者提供过任何的养老金保险。由于它在其他领域的出色表现，公众理所当然地认为它会提供养老金保险。更具讽刺意义的是，早期它曾试图进入养老金保险市场但并没有成功！当然市场和公司情况都是失败的原因。最后该公司通过电话保险服务重新进入了养老金保险市场，并取得了成功。这个例子说明消费者提供的信息能够揭示出公司的优势领域和竞争者在市场上的缺陷，进而可以帮助公司制定出较好的市场进入战略。

要　点

- 从消费者处收集信息。
- 注意收集消费者对公司和产品的感觉，即使它不一定同客观实际相符。

供应商

在4.10节我们已经详细介绍过这方面的内容了。公司应当建立一个系统，使所有员工都可以将从供应商处得到的信息传递给竞争者分析小组；这一点对于分析小组的工作非常重要。公司应当鼓励员工时常“不经意”地向供应商询问它们对某些公司，尤其是最近新涌现出来的竞争者的看法。

要　点

- 从供应商处收集信息。
- 特别是收集某一专业领域的信息。

竞争者

从竞争者处收集其他竞争者的信息看起来很奇怪,但实际上竞争者信息就犹如拼板游戏。保险公司 A 可能知道 B 公司的七种情况,而 B 知道 C 的六种情况,C 知道 D 的八种而 D 知道 A 的五种。每个公司都有自己的不足之处,同时也都或多或少地知道其他竞争者的弱点。通过与竞争对手交换信息你可以勾勒出其他竞争者真实的情况。当然也有些领域的信息不能直接交换。A 可能不会告诉 B 关于它的正处在前期准备阶段的新产品的任何情况,但 C 可能会告诉你,作为你告诉它 D 投资于某个新项目的回报。

从竞争对手处收集信息并没有一定之规,它们就好像不同国家的情报机构和在操场上交换足球卡片的孩子间的关系一样。要获取哪个竞争对手的信息以及采取哪种方式获取最为恰当与该公司的类型和规模有很大的关系。此外,在金融服务业我们还可以利用人际关系网来接近最合适的信息提供者。

要　点

- 可以尝试从竞争者 B 处获得关于竞争者 A 的信息。
- 确保所有的员工都可以及时地向公司传递信息。

同业公会

大多数金融服务业的同业公会都有大量的信息，它们往往都拥有巨大的图书馆和很丰富的电子信息。从它们那里获取信息很容易，但是首先你必须知道你需要什么信息。

除去到处都可以获得的公司财务报表、年报等类似的信息，以及实在没有什么用处的公司历史，同业公会还可以提供详细的统计数据和会议文献。一些同业公会会向成员公司要求定期报送详细的统计信息，而这些资料往往在其他地方找不到。会议文献提供的硬性信息较少，但是我们往往可以从中洞察到公司关键人物的想法。需要注意的是，这些关键人物还能以某种出人意料的方式提供信息：高层人员有时可能会向公司以外的人透露某些对你而言很有用的情报，招募这个人可以带来非常宝贵的竞争者信息。

在确定市场大小的时候同业公会的信息尤其重要。假定你知道格陵兰岛有500万居民、300万个人银行账户、200万个家庭和100万辆轿车，与行业的市场占有率对比就可以估计公司的市场大小。

不过糟糕的是，要从同业公会处获得竞争者信息只能用最古老的方式：在图书馆庞大的档案库和无数的电脑文件中手工寻找你所需要的资料。关于这方面的情况可以参考本书的11.5节。

要　点

- 使用同业公会搜集竞争者的信息。
- 统计资料和会议文献非常重要。
- 市场总体信息也很重要。
- 你也许不得不去图书馆手工查找信息。

辛迪加

英国可能是唯一启动了辛迪加研究的国家，保险、银行、建房互助协会、经纪人所进行的市场研究和其他组织对这些行业的市场研究都是以辛迪加为基础的。辛迪加研究能为公司节省金钱，但是它也有信息过于笼统不适合公司具体需要的缺点。一次性的辛迪加研究能提供重要的竞争者信息，但是对竞争者分析更有帮助的是跟踪研究，它能揭示消费者对公司服务、形象和产品方面的看法。由于分析的竞争者不一定属于该联合组织，因此它能提供一个有用的比较基准。而对公司或其竞争者的研究所得的关键信息可以只由该公司使用，也可以以一定的价格卖给其他公司。

秘密购物的方式有时也会以辛迪加为基础，组织通过真实的或者假装的消费者来分析它们自己的公司和竞争公司实际的服务情况怎样。稍后在5.18节里我们将进一步论述。

要 点

- 公司应考虑参与辛迪加研究。
- 它可以与秘密购物法相结合。

出版物

出版物中的信息数量相当之多。但事实上，由于超过两年的信息对竞争者分析已经过时了，因此我们可以很快地排除很多无用的信息。专业书籍、研究报告和指导手册都是竞争者分析书库里的重要资料，而会议文献也能提供一些非常重要的情报。

公司坚持收集这些出版物是非常必要的。专家的报告往往能为分析小组节省数天的工作，其中有许多分析得相当出色，而对其他报告的使用就要小心一点了。一些公司要求报告使用它们自己的标准格式，但是由于标准格式在表达方面缺乏灵活性，因此许多珍贵的细节资料都被忽略了。一些著名的报告提供者经常会根据最新情况来修正它们原先那些被证明不正确的估计，而有的人则没有那么敬业，在估计市场大小和购买潜力时，它们一般会发出信息请求并把得到的回复加总，至于没有回复的就通通忽略不计了。

在信息稀缺的情况下统计学的结果会变得不可信。一个猜想或估计因为反复被其他文章引用，最后可能会被当作是事实论据而在报告中出现。但是即使 9 999 个人说月亮由奶酪构成，而只有一个勇敢的人说是岩石构成的，也不能说明这 9 999 个人是正确的。最近英国一个关于在家工作人数的调查给了我们一个很好的例子。虽然不止一个人指出，如果在家工作的人数继续按照他们的预计增长，不久之后英国在家工作的人就会超过公司雇员的数量了，但是有一个机构提供的相反的数据到现在仍然被证明是最接近现实的。

一些分析者认为来自出版物的信息对于竞争者情报来说没有多大用处，因为一旦信息进入公众领域，它就不能再算做是情报了。这种观点有一定的道理，但是事物总有两面性。那些提供信息服务的机构往往试图说服客户，只有它们才有客户需要的答案，并籍此推销它们自己的服务。但是，尽管出版物有其自身的缺陷，但公司使用出版物中的信息的确能够节省不少中介机构的信息服务费用。此外，使用出版物中的信息也会鞭策中介机构提供更好的服务，因为它必须提供你还没有的信息，而且通过你掌握的情况，你还可以判断中介机构的信息具有多大的价值。

要　点

- 出版发行的信息可用数量非常多。
- 恰当地使用专家做出的报告。
- 小心使用某些出版物上的“事实”。
- 注意核查信息。

网　络

如今，许多以书面形式出版的书籍、报告和其他信息也可以在线获得，互联网上可用的公司信息也很广泛。在寻找某一特定的竞争者信息的时候它能提供很大的帮助，但是从中摘取有用的资料仍需花费很多时间。访问系统和获取信息的技术正在不断进步，但是比起提供者所声称的情况还是要差很多。许多公司在网络上提供它们自己的信息，但是，它们大多数都以此作为宣传广告的工具，所以一般都会把自己描绘得很好。通常它们都展示公司杰出的领域而忽略有问题的方面，所以你应该只把网络上公司自己的信息当作一块电子广告板。

互联网是潜能巨大的宝地，信息时代带来的最大挑战大概莫过于如何在网络的信息海洋里寻宝了。尽管很多信息都是免费的，但专家服务和深度分析的信息通常只有在订购或用信用卡支付后才能访问。顺便说一句，提供服务的人大多数都是合法经营的，但是也有小部分只是想窃取你的信用卡密码而已。

网络成为公司内部信息传递的主要工具后，它的重要性将日益突出，但是对它的控制也更难了。它最终会把商业组织、个人和公司消费者、政府和各种机构连接在一起，毫无疑问将成为最简单最快捷的信息传播方式。

要 点

- 使用互联网搜集信息。
- 有一些信息是需要付费的。
- 对于公司自己发布的信息要小心鉴别。
- 通过网络来传递信息。

新闻杂志

大多数公司都会订阅大量的商业杂志并在公司内传发，记录好各种杂志传发到哪里以防丢失是很重要的。

分析小组需要拥有所有相关商业杂志的复印本，依靠传发过来的杂志永远都不能满足需要。许多商业杂志都以时事通讯为主，并且还相当昂贵。在阅读时许多人都会跳过广告，但事实上广告能为人们了解竞争者在某个领域的近期计划提供极为重要的信息。

在国际、国内、地方新闻和消费者杂志上我们可以搜集到很多竞争者信息。此外，在通过杂志搜集信息时不要忘记越来越多的公司开始出版的客户和员工杂志。

要 点

- 注意公司自己的杂志和通讯。
- 包括针对公司员工的刊物。
- 广泛浏览消费者刊物和商业刊物。
- 尽快对重要杂志进行分析。
- 注意招聘广告和产品广告。

政府机构

许多政府机构都会收集数量巨大的信息，其中大多数都是强制性的。这些信息一般都对公众开放，但是格式往往不太友好，而且许多原始资料需要经过很多的加工才能使用。而有一些机构就专门对这类材料用电脑进行处理和加工，由于比自己做更划得来，所以公司在处理这类信息时还是可以使用它们提供的服务的。

来自官方的信息可以提供有关市场的重要资料，而同这些市场数据相结合的关于竞争者公司的信息会更有意义。尽管如此，由于政府提供的信息是以为国民经济统计服务为目的的，因此往往监管者在向公司要求报送统计结果时公司才会提供最新的数据，所以这类信息有的可能已经过时好几年了。

要　点

- 政府收集了很多信息。
- 它们有可能是过时的信息。
- 不妨考虑使用某些专门机构提供的服务。
- 注意其中市场方面的资料。

产品说明书

保险公司和银行印制的大量的产品说明书消耗了巨大的资源，应对它们加以合适的利用。在进行竞争者分析时，与其搜集所有你可以找到的东西，不如只集中去找你的某项工作所需要的那些文献。此外，还要注意的一点是，以经验来看，任何超过一年的东西都应该舍弃，因为它们已经过时了。

另外，现在也有专门研究银行或保险公司某些领域的产品说明书的机构，不过它们通常收费昂贵而且服务只覆盖了一小部分领域。

要　点

- 注意收集产品说明书。
- 产品说明书很快就会过时。
- 可以考虑使用专业机构提供的服务。

直邮广告

在金融服务领域，直接反应越来越重要，直接寄送的邮件数量也因此相当庞大。在设法获取竞争者的直邮广告时，也许你会要求对方寄往本公司所在地，不过要成功获得邮件还是让雇员提供家庭地址比较好。

直邮广告里有时可能会有附时间限制的产品优惠信息；当然，公司可以等到搜集到很多不同类型不同公司的邮件后再将它们放到一起比较研究。

要　点

- 注意搜集直邮广告。
- 注意时间上的敏感性。
- 比较不同公司不同版本的广告。

报纸杂志广告

这是另一种形式的直接反应。由于有专门的剪报机构提供搜集包括新闻报道式广告在内的服务，因此几乎没有公司会自己去做这样的工作。对于管理者来说这些信息是至关重要的，因为透过它们我们可以观察到一家公司在广告和市场方面的战略战术。

要　点

- 注意浏览报纸杂志广告。
- 考虑使用剪报机构提供的服务。
- 注意新闻报道式的广告。

电视电台广告

电视台和电台的广告费往往很贵，而金融服务业的广告也往往非常枯燥，其目的也仅仅是为了改进公司的形象。

如今，在电视和电台上播出保险业、银行业、信用卡和类似产品的商业广告都非常方便。公司也希望观众会有所反应，通常是告诉观众您可以拨打一个免费电话来获得更进一步的信息和报价单。现在有线频道和卫星频道的数量都比过去多得多，国家电台和地方电台的数量也在不断增长，因此金融业的广告也越来越多了。

也许你会想录下所有这类的广告，但是你无法知道它们会在什么时候在哪个频道播出。要想尽可能地搜集信息，最简单的方法就是要求竞争对手分析小组或其他雇员密切关注相关的广告并随时报告他们从中发现了什么。当然，公司可以提供一些激励措施比如假日旅游来鼓励员工积极搜集这类信息。

对于广告信息，作者个人的看法是，除非追踪广告对公司某个进行中的项目有重大意义，否则还是忽略它为好。这些广告提供的信息几乎都可以在别的地方收集到，因此追踪它所花费的时间和精力完全可以花在其他的地方。

尽管银行和保险类的杂志会提供一些电视电台广告的时间和频道的信息，但是商务和广告类的杂志是广告节目单更好的来源。

要　点

- 金融服务业的电视和电台广告正在不断地增长。
- 分析电视和电台广告几乎没有什么价值。
- 商务和广告类的杂志通常能提供所有你想要的信息。

招聘广告

在国内新闻或商业杂志的广告上基本上不可能看到公司详细阐述自己的计划和抱负，它们甚至从来没有想过要在新闻稿中披露这些信息。不过，这些信息在招聘广告中却会露出蛛丝马迹。尽管一些招聘中介机构会隐瞒客户的真实身份，但这也是一把双刃剑。如果公司不说明它是谁、坐落在哪里，那么比起全盘托出的公司，招聘情况往往会差很多。

公司在搜集商业情报时，有时唯一的办法就是让经过挑选的员工去申请竞争对手的某些职位，进行面试然后向公司报告情况。当然这个员工也有接受那份工作而离开你的可能性，但是在这样一个人才流动性越来越高的时代，他大概迟早会离开你的公司的。

只有在很少的情况下公司才会像小说中那样，让一个条件非常好的员工去应聘，通常公司的选择是让一名一般的职员去应聘，甚至是让私家侦探、演员去完成这项工作。

要 点

- 招聘广告是信息的宝库。
- 你可以尝试着让雇员去应聘竞争对手的工作。

商展和交易会

金融服务业的商展和交易会并不像工业和其他服务业部门那样频繁，但是为了获得竞争对手信息而去参加是绝对值得的。

批评家会提出，在商展和交易会上几乎没有什么新的硬性信息。尽管如此，你仍有可能在其中感受到整个行业和某些公司的发展趋势、消费者的心态和其他一些变化因素。观察竞争者的行为趋势，帮助公司选择正确的对策也是分析者的工作之一。

商品交易会中为整个行业提供服务的公司机构比如广告商、营销策划机构和直销机构也值得调查访问，它们同样可以提供行业的趋势、消费者的看法以及现有的和新进入的竞争者的信息。

要 点

- 应该经常参加商展和交易会。
- 它们能提供关于市场趋势的软性信息。
- 注意为行业提供服务的机构比如广告商等。

展览会和交流会

展览会的目标可以是公司消费者或者是个人消费者。通过展览会，可以调查到产品的种类、提供的公司和提供方式等相关信息，因此展览会是值得参加的。而竞争公司接近消费者的方式和它们展台职员的态度也可以告诉你很多信息。例如，空了一半的展台和跑到其他地方闲逛、喝酒抽烟的职员说明了公司士气的涣散；由临时雇员比如女演员和模特儿占据的展台说明公司对自己的职员缺乏信心或者它的产品需要表面上的活力来掩饰；所有的员工都非常热情有效率的展台则显示了公司高昂的士气和高度的自信。

经常举办一般化的或者针对某些特定主题的交流会是金融服务业的一个重要特点。对某些专业公司来说这也许是它们唯一可以跟上行业变化的途径。看看谁在讲坛上、谁是观众是一件有趣的事情，而且还可以在这样一个轻松的环境里获得整个行业或某一竞争者的发展趋势和变化信息。

但是，这种交流会对于竞争对手分析人员来说又存在着不少问题。会谈的主题可能太模糊或者太专业而没有实际的作用。演讲者可能因为对主题有良好的理解而被组织者选中，但也有可能他是唯一一个组织者能说服去演讲的人。金融服务业从业人员的一个特点是管理者通常引退的较早，而且这样的人往往曾在管理层里身居高职。但糟糕的是，一些组织者常常让这些人作为演讲者，而在数年之后他们那些“我如何使 X 公司获得成功”或者“这就是 Y 公司的经营方式”之类的观点实在是有些过时了。对这些信息的使用都要十分注意。许多顾问和专家都会参加交流会并在会议中发表演讲，其中有些人确实很出色，但是许多人都只是来与其他公司接触以图找到一份工作，他们的演讲对于分析者来说并没有多少实际的价值。

对竞争对手分析来说，在会议后印发的文件往往比参加这个会议更有用，特别是这些文件通常都比演讲详细得多。缺点就是这些文件有时会跟演讲的内容并不一致，或者会略去了某些部分。在这种情况下，录音带能起到补缺拾遗的作用。一些会议的组织者会提供全程的录音带，虽然收听很花时间但是它们确实补上了文件遗漏的一些细节。

你也许会认为演讲者谈到的关于自己公司的情况已经经过了刻意的选择而略去了很多重要的信息，但事实上并不是这样的。在离开了家和办公室的环境里，以及在有准备的听众的推动下，很少有人能抵抗住那种想介绍公司过去的事迹、目前的工作和将来的计划的冲动。对大多数人来说，谈话中最有趣的话题就是他们的工作。现在有这样的机会对许多人讲述自己的工作，而且对方也不是那些早就知道这些事情的下属或者家人，很多演讲者都有滔滔不绝、一吐为快的冲动。要注意的事情很简单：不要让你的人在那里演讲，我们只是作为竞争者的听众去参加会议。然后做其他公司都没有做的一件事：将这些信息交给竞争者分析小组。

要 点

- 商业展览会和消费者交流会都值得一去。
- 交流会提供很多正式或者非正式的信息。
- 它们都可以提供新的信息来源和新的接触机会。
- 会议文献往往都是非正式的。
- 人们通常都喜欢谈论自己公司的情况。

秘密购物

秘密购物既是一种调查工具也是对雇员和顾客之间关系的一种检验方式。秘密购物最主要的作用就是确保公司通过自己的销售渠道以正确的方式向公众提供它所承诺的服务。当渠道中出现了错误时,管理层通常会严厉地批评雇员。

通常执行这项购物工作的人都是公司外的人,尤其是经过调研公司训练过的专门进行秘密购物的人员。他们会假装成普通的消费者,在公司人员不知情的情况下前去拜访,而且在任何情况下他们都不会透露自己的身份。他们的工作就是购物结束后,回答一组关于服务质量的问题。

现在,这种方法已经推广到公司自身销售渠道之外的零售商和批发商身上了,秘密购物甚至被用来核查自己的合作公司经营某一业务是否拥有合法的许可证。此外,它现在还开始被总公司用来监管一些金融产品在分销商处的销售情况。

当许多金融服务公司都接受了秘密购物,并用它检查职员和分公司的工作情况后,又有了一种新的使用方式即用于调查竞争对手。一些人,尤其是专业的市场研究公司,认为对竞争者进行秘密购物的调查是不适当的。其他人则认为这是正常的信息调查活动，而且几乎所有的保险公司、经纪商和银行都在一定程度上或多或少地使用了这种方法。人们反对的意见主要集中在对竞争对手的影响上：秘密购物会在某个产品上浪费竞争对手一个小时的时间，而这个“认真”的消费者实际上却没有任何的购买意向。

另一种方式相比秘密购物更深入一些，即实际购买这个产品而不仅仅是询问产品的情况。对这种方式的不同意见则认为，除非你真正成为消费者，否则你永远无法真实地感觉到消费者是如何被对待的、得到了什么样的服务以及银行是如何向他们进行交叉销售的。

这种类型的秘密购物在资源和预算方面通常需要长期的承诺。事实上，要获得一个足够大的样本以准确地满足任何统计上的条件，这样做需要的代价实在太大而根本不值得考虑。其实，在公司的工作情况和如何对待客户方面，长期秘密购物提供的信息并不比简短的询问得到的更多。它只能作为其他信息搜集方式的附加品，而不是替代品。

另外要注意的是，秘密购物还是新兴事物，尽管很多机构声称在这方面很有心得，但是它们都很少有实践的机会，而且只有少数机构真正了解怎样才能把它做好。因此在这个领域公司最好请专家指导而不是自己摸索。

像其他调研过程一样，秘密购物的成果很大程度上依赖于向执行机构介绍的情况是否恰当，以及公司是否对结果和分析进行了仔细的监控。

秘密购物还有一种摆脱道德困境的方法，而且这种方法已经被许多银行所采用。那就是建立一个辛迪加研究组织，其中的成员公司都使用同一个市场调研机构并且机构会把信息反馈给这些公司。当然，每个成员公司得到的关于自己的信息都会比关于其他公司的信息更详细。这样做，既达到了保密的要求也有利于公司设立正确的行业标杆。

要 点

- 秘密购物被公认是研究工具之一。
- 很少有机构能做得很好。
- 它还在发展中。
- 它提供了有关竞争对手重要的服务信息。
- 金融服务业的辛迪加研究可以较好地使用秘密购物。

海外关系网

很多公司都从事跨国业务，尽管其中一些仍以国内的业务为基础。各国公司在进行竞争对手分析时应当联合起来以防止分析的重叠，这一点非常重要，只有这样才能最大程度地利用信息。

有些竞争对手也许在某一个国家内运作得非常成功，但是涉及跨国业务时就力所不及了。跨国消费者的需求信息在银行和保险业的某些领域至关重要。

因此，即使公司暂时只在国内开展业务，也不应当忽略这个世界其余的部分。你也许会想要通过收购、合资或者建立新企业来进军其他国家的市场；而竞争者可能也会有类似的计划；同时其他国家的公司也许也在想进入你所在国家的市场。在考虑竞争对手分析的时候，这些都是不能忽略的要素。

即使你打算保持只在本国开展业务的态势，但也要注意，客户可能在其他国家有活动，或者在其他国家有财产，所以提供产品和服务的时候必须把这些因素考虑在内。另外，一些国家可能是某一类金融服务的领导者，这些国家或者其中的某些企业的经验对你的业务可能会很有帮助。比如说在英国，Direct Line 公司的电话直销的保险额是最高的；而法国在这一技术上也要比其他很多国家先进得多。

建立海外的关系网以获取信息需要很长的时间，即使是跨国公司也不例外。许多国家并没有竞争对手分析，所以公司要努力说服当地人员认识到它的重要性并培训他们如何进行竞争对手分析。此外，信息的翻译和为信息搜集网络提供资金支持也需要公司特别注意。一般来说，用所在国的语言收集该国的信息要容易得多。

要　点

- 区分哪些分析是国内的哪些是国际的。
- 很多公司都不再仅仅是国内的公司了。
- 即使是对固守一国的企业来说，国外的信息也很重要。
- 建立国外与本地的联系通常要花很长的时间。
- 语言是一个很大的问题。

剪报服务

现在，只有少数机构在提供剪报服务，而且在过去的一段时间里它们的运作模式基本上没有什么改变：它们通常提供一个选定范围内相关出版物的剪报。这项简单的工作对于搜集国内的、消费者的、商业的和地区性的新闻非常重要，但是它并不能代替公司自己的信息搜集工作。

而少数有经验的机构则会对信息进行比较并确定，判断这个新闻对公司会产生正面的还是负面的影响，它们还能提供公司与某些选定的竞争对手之间的比较。这种比较是很重要的工具，但是我们应时刻牢记，由于分析是主观的，所以尽管你不一定能看得出来，偏见仍有可能存在于“客观的”分析当中。就好像在观看一场足球比赛时，没有任何两个人的观点会是相同的，他们可以为了哪个球员的表现争论很久。所以无论公司使用的电脑多么先进，任何眼睛看到的、耳朵听到的和大脑所想的分析信息都无可避免地带有主观性。

要　点

- 剪报机构有优点也有劣势。
- 有经验的机构能够提供对比信息。
- 很少有全面地搜集了商业和消费者新闻信息的机构。

第 6 章

信息分析

收集整理竞争对手的信息非常简单，但是如果不对搜集上来的信息加以分析的话，那么这些资料将毫无价值。在公司中，资料分析工作应该由专门的分析师来完成。专业分析师能分辨出并排除错误的、具有误导性的信息。

此外，竞争对手分析小组还应当把原始资料和信息转化为可以直接、及时地被资料接受者使用的实用的知识。

分析的基础

竞争者分析和一般研究的主要区别不是它们使用的方法，而是在于它是从进攻的角度进行研究的，你可以通过它来分析现有的和潜在的竞争对手。不幸的是，人们在面对一大堆电脑报告时，很容易就会忘记这个目标。这里的工作既不是进行学术研究，也不是搞新闻出版。在面对同样的资料时，记者会试图寻找读者喜欢的角度来描述，而竞争者分析人员则会从这些资料对公司所具有的实际使用价值的角度来进行分析。

在分析时，人们应当牢记，唯一的要点就是开展这项工作的目的是为了帮助公司寻找对抗竞争者的方法，所以资料使用必须既具有战略性又具有战术性。有人认为分析者的工作必须和理论研究一样不存在任何偏见，实际上这种观点是错误的，因为分析者必须通过对竞争者信息的评估来使本公司获得竞争优势。

举例来说，不妨假定Z国有六家银行。A银行长期以来一直拥有卓越的电话银行服务。B和C银行没有实时的电话银行业务。D银行刚刚建立电话银行业务的分支系统。E银行正计划提供电话银行服务，而且它也提供其他的如保险和投资等方面的服务。假如你是近年来在激烈竞争中生存下来的F银行，那么你现在该怎么做?

分析者不仅要看到这五家银行现在的情况，还要看到每个竞争者的过去以及将来的目标和计划。在了解了上述信息后，下一步就是要确定每个银行自身及其客户的优势与劣势，一般来说各家银行在这一点上的差别会相当大。再下一步分析人员就应当列出F银行可能的选择了。很多公司分析都到此为止了，但是一个专业的分析人员还会继续下一步的分析。他会说明在接下来的三年里，如果你什么都不做，其他五家银行会采取什么行动，以及对于你的每一个选择它们的反应和可能采取的策略。

这个例子说明了分析者必须注意事件之间的相互关联性。

要 点

- 竞争者分析不是最终的目的，而是一种使自己更具竞争力的方法。
- 通过对资料的分析可以使公司获得战略和战术上的对策。
- 必须时刻注意市场战略的相互关联性。
- 必须以自己的公司为出发点。

特定分析

大多数情况下有特定目的的竞争者分析比起持续监控要来得容易,前者通常会有指定的时间期限和相应的事件。或者可以说,这种分析是从某一特定的事件开始的,所以分析者要确保要求他们进行分析的人,比如部门经理们也能理解这些限制。和市场研究人员一样,分析者们可能会因为没有提供解决方案而受到严厉的指责,但是其实这并不是他们的工作。他们的职责在于分析并给出各种事件之间的联系,对各种可能实行的计划给出建议,以及指出公司可能会受到的影响。在这之后具体怎么做,应由市场营销部门或其他部门来决定。

必须给予分析项目足够的时间,包括收集资料、分析资料和提出分析结果。要直接或间接地从竞争者处收集信息往往要花费很多时间,所以不会立刻就有结果。

在开展特定的分析项目之前,我们应当先弄明白这些问题:

- 谁需要这些信息?
- 针对哪些竞争者?
- 为什么进行这次分析?
- 到什么时候为止?
- 如何获得相关的信息?
- 这个项目可能会引致哪些市场行为?

很多分析者和研究人员经常犯的一个错误就是,对于别人提出的问题的理解过于直接。市场部门的经理可能会问:"汽车保险业的前十名是哪些公司?"实际上他的问题是:"提供汽车保险服务的前十名是哪些公司?"这两个问题之间微妙的区别在于:前者是从公司的立场出发，而后者则是从消费者的立场出发。消费者不知道也不会关心这个提供汽车保险服务的公司究竟是保险公司、经纪公司、代理公司、汽车服务公司还是汽车修理公司。

所以关键的问题在于，“对方为什么要问这个问题？”以及“对方将如何使用这个问题的答案？”

要　点

- 特定的分析在时间和结果上都有一定的限制。
- 在目的和时间表上达成一致很关键。
- 确定起限制作用的因素。
- 认识到需求信息的人的真正要求。
- 搞清楚对方将如何使用信息。

持续分析

对竞争者连续数年的持续评估并不像它看起来那么容易。首先会遇到的问题就是，公司在 1998 年正确的基准（参见 3.4 节）到了 2002 年可能就不正确了。而如果你使用的方法过于灵活，每年都改变监控对象的话，那就无法对同一公司各年度的情况进行纵向比较了。

因此，最好的方法就是从一开始就考虑到各种可能的情况。这意味着针对某些特定情况设定的标准，可能会由于 1998 年的市场并没有向预期的方向变化而在当时完全没有用处。但是到 2002 年这种变化发生了，那么这些没有使用过的标准就可以派上用场了。

我们可以将持续的研究分解为几个领域。一个是对所有分析都有基础性作用的竞争者基本的背景资料，比如经营情况报告、财务报表和产品信息等。第二个是对关键公司做出的更为详细的分析。这需要对竞争者进行实时的监控，从而帮助公司随时对自己的产品和服务做出调整。

持续研究的一个难点在于它经常会同人们想象中的重点存在差距。除非仔细地控制，否则随着收集的信息越来越多，初始时确定的研究目的可能很快就会过时了。因此公司每年都应对所有的持续研究进行检查，特别是就收集什么信息、如何收集和为什么收集，并就此做出修订。如果你的目的是要调查与你竞争的保险公司拥有多少个重要的中介机构、它们为什么起到了很大的作用以及它们比起其他中介机构的优势何在，那么持续收集每个竞争者的所有中介机构的详细信息就没有必要了。

要　点

- 持续的研究计划比特定分析需要更长的时间。
- 灵活性太大常常会使得年度间的纵向比较失去意义。
- 灵活性不够则无法反映真实的情况。
- 注意研究目的有效性的时间范围。
- 公司应对持续研究进行定期的检查。

结果监控

在分析结果的监控上，要注意两个方面的问题。第一，应当将研究结果与先前类似的分析进行比较。例如，某一养老金保险公司要分析市场上最主要的六个竞争者，在对比今年和去年的市场状况后发现,D公司掉出了前六而T公司上升到了前六位中。你必须找出是什么导致了这个变化,也许这就意味着公司也必须注意T公司在其他产品和服务领域的发展情况了。

第二个问题大多数有经验的市场研究人员都明白它的重要性,但是由于时间和资源的限制这一问题却往往被忽视了:在一个研究项目的结果在公司内部正式公布以前,没有参与这一项目的人员应该对其结果发表客观的意见和建议。这可以帮助分析团队发现一些存在的缺陷,从而避免出现令人难堪的错误。

要 点

- 必须对研究结果进行监控。
- 应当将研究分析结果与其他资料进行比较。
- 试着从另一个角度来看待结果。

信息解释

分析师的任务在于如何解释收集到的大量信息。电脑的帮助是必要的,但是它无法代替技巧和经验。竞争者分析人员必须能够发现关键的情况并看得更远,预测出竞争者的真正目的。在这里,逻辑思维和创造性思维都很重要,例如,保险公司D从家庭保险转向汽车保险,第二年它开始提供旅行保险和家庭贷款,下一年它又提供人寿、养老和宠物保险。一个没有经验的分析师大概会指出,针对其主要用户,它通过同一个销售渠道进入不同的但又相互关联的几个服务领域。但是有经验的分析者还会看到,D公司不仅是简单地提供各种相关的金融服务,而且很可能还有更进一步的战略计划，即满足它的客户所有的个人金融需求。通过这样的方式它可以抗衡银行、经纪人、中介机构和其他保险公司的竞争。分析者在做出上述分析之后会考虑D公司完成这个计划还需要提供哪些服务，是自己独立提供，还是将这类服务以贴牌的方式外包给其他公司来做。这一切可能会使D公司从一家不起眼的边缘公司成为你的一个重要威胁。

要知道，将一些重要信息放到一起研究得出合乎逻辑的结论和做出没有根据的判断间有很大的差别。这就是为什么分析师在专业领域的知识显得至关重要的原因。有经验的分析人员可以用他们的知识来弥补信息上的缺陷，而其他人只能猜测问题的答案。竞争者分析的最大危险就是将两个毫无关系的信息联系到一起并得出错误的结论，比如假设蒙古所有的保险公司都隶属于美国企业，但我们绝不能因此就认为这些公司的主要经理人员都是美国人。

分析者需要从多个角度进行思考，并且要使自己的思想超越那些显而易见的事实，只能一步步从A到B再到C的人无法成为真正的分析者。这里，我们也对公司提出一个请求：不要仅仅因为找不到合适的位置，就把其他部门的人员塞到竞争者分析小组的队伍中来，应当把竞争者分析看作公司内一个很重要的专业领域。

要 点

- 分析师的任务是解读手中的信息。
- 这是需要经验的工作。
- 分析者要运用创造性思维思考信息所暗示的未来远景。
- 避免从没有关联的信息中得出错误的结论。
- 把竞争者分析当作专业领域。

分散注意力的信息

对于分析师来说,如何分辨准确有用的信息和不准确甚至错误的信息是很重要的。一些公司会故意散布关于它们自己或者其他竞争者的错误信息,所以在进行竞争者分析时公司一定要注意信息的来源和可靠性。

还有另外一种经常在公司年报出来之前足以转移大家注意力的误导信息,它有可能是谣言或者是媒体的预测。例如,媒体可能会预计 X 公司在连续多年的高利润后会在今年小有损失,专家会公开指责它的表现,经纪人会建议抛出它的股票购买期权,其他竞争者也对其幸灾乐祸。而当经营业绩公布的时候,损失竟然奇迹般地成了一点小小的利润。因此,每个人都在庆祝这个结果而不是批评它的不良表现,这就是媒体超群的影响力。

关于公司的大多数信息都是真实的。但是分析公司年报和财务报表的时候要注意,这些图表和其他形式的资料都可能只是使外表显得比较光彩的假象。例如,某一公司可能声称"我们去年在德国的情况很糟糕。这是由局势动荡、通货膨胀和恶劣的天气引起的。"它们并没有提到它们同行的竞争者却表现得很好,它们也可能仅仅是责备拜仁慕尼黑没有获得冠军。甚至一些很著名的公司也求助于这种手段。竞争者分析应当基于实际情况而作出,因此除非竞争公司提供的信息确实是事实,否则还是使用自己掌握的资料和信息。

此外,还应注意那些对公司有重要影响,却没有在新闻稿和其他公司信息里被披露的行为。公司往往试图引导公众的目光聚焦在较好的经营业绩上而把某个领域较差的表现隐藏起来。一个大力宣传了很多年的产品突然消失了,这就说明公司希望对这个领域的问题保持沉默。

要　点

- 流言可听而不可信。
- 注意竞争者故意散布的错误信息和转移公众注意力的信息。
- 事实通常和它表面看起来并不一样。
- 被故意忽略的部分往往都很重要。
- 永远不要相信公司自己对信息的解释说明。

过去、现在和将来

人总是不从过去吸取经验教训，金融服务领域也有很多这样的例子。无论一个公司目前的经营情况有多好，都必须仔细思考过去的行为和将来的计划。

所有的公司现在都意识到了生存的不二法门就是向前向前再向前；你必须努力地前进以保证在市场竞争中的地位。J 公司现在就是这么努力，但是看看它最近的历史和将来的计划又会发现什么呢？

现在的公司在制定长期计划方面越来越熟练了，它们的使命陈述充满了豪言壮语，很少有政治家敢作类似的保证。它们会很漂亮地宣称消费者和职员对未来计划的重要性。而分析者则必须注意公司在实际执行这些计划和承诺中的表现，评定其计划的准确性，从而找出哪些公司真正实现了承诺。

通过结合现在和过去的情况，可以更容易地发现正处于上升阶段的竞争者以及正在衰退的竞争者。

要　点

- 评估信息时必须结合公司的过去和将来。
- 长期计划可能是现实的也可能只是纯粹的虚张声势而已。
- 注意追踪承诺和计划在实际执行中的情况。

增加价值

竞争者分析队伍的任务是分类、解释和提供信息。如果它们能够适当地完成任务的话，套用一句行话：它们将会增加价值。作为鼓励，公司应该允许它们对信息有自己的解释，为了提供更多有用的信息，在适合的地方也可以偏离原来给定的分析大纲。

好的竞争者分析能够灵活地使用各种信息，使之从原始的材料成为实用的知识，通过恰当的表达使其转变为便于使用的文件和报告。除去竞争者分析团队所做的努力，事实上信息的接收方也应该学会灵活地运用它，通过他们自己的理解和认识对接收的信息进行加工，必要的时候也可以借助分析小组的帮助。比如说，某人寿公司考虑涉足银行业务。竞争者分析小组查明各银行的状况和其他已经涉足或计划涉足银行业务的人寿公司的状况后，经过加工的资料转到了负责银行业务的经理手中。随后该经理对这份资料提出一系列的问题：该业务是否应当只针对购买了人寿保险的人？应该是总部提供还是由分支机构提供？是否提供生息存款账户和活期账户？通过回答这些问题他对这份资料进行了必要的转换。最后的选择也许是针对自己的客户提供电话储蓄业务，所以修订后的竞争者分析可以删除所有其他的竞争者，集中详尽分析两三家已经拥有这项业务的公司。

要　点

- 分析小组必须将原始资料加工成实用的知识，否则之前的工作都是白费。
- 必须鼓励对信息有自己的理解和认识。
- 必须对公司的下一步行动提出建议。
- 信息接收者的反馈能够改善竞争者分析的结果。

第7章

竞争对手分析系统

竞争对手分析应当以智能化、系统化的方式进行。也就是说，尽管不会让电脑来完成一切工作，但是笔和纸在很大程度上还是应由电脑所代替。竞争者分析团队应通过建立专业的数据库和矩阵提高分析效率并形成标准的输出模式，此外，在建立系统的过程中，还应将信息存储和系统的备份恢复考虑在内。

书面文件

在电脑时代，你也许会认为书面文件是多余的。但是即使是在今天，也有一些东西是无法用电脑储存的。产品说明书、工作报告和账目清单都需要整理成纸质档案；此外，还有很多在分析后就可以被扔掉的信息也都是以纸为载体的。管理部门的主管也许会提出“清空办公桌”的政策，尽管理论上来说它是可能的，但是对于任何繁忙的分析小组这都是无法做到的。然而，一旦书面信息得到处理后，要么对它们进行影像存储要么扔掉。储存以后不需要的东西太费时间，所以除非是工作报告、账目清单或者其他需要长期保存的档案，其他的书面文件最好在保存几个星期后就扔进垃圾箱。花在影印储存和缩微拍摄上的精力完全可以用在其他更需要的地方。

要　点

- 并不是所有的东西都可以用电脑储存。
- 尽量减少纸质文件的使用。
- 不要浪费时间将只需短暂保存、过期后就销毁的资料输进电脑。

文献储存

文献在储存时是应该按公司分类还是按产品类型和服务类型分类呢？通常按不同公司来分类储存会比按产品分类更为容易。将书和报告放在书架上，研究报告、财务信息和其他公司信息应按公司名称的字母顺序排列。其他方面的信息也最好以不同公司来分类整理，除非它们涉及某个正在进行中的项目。

还要说明的一点是，产品说明书很快就会过期，通常 12 个月之后就可以把它销毁了。

要　点

- 书籍和报告应该恰当地储存。
- 按公司分类比按产品分类更好。
- 公司应当定期销毁过期的产品说明书。

电脑

除非分析小组的每个成员都有一台内存足够大的电脑,否则我们是无法进行像样的竞争者分析的。对这些电脑的基本要求是在同网络相连的时候运行速度不致变慢,从而影响到个人使用。这些电脑应当连接到公司的内部网络,但是绝不能允许任何竞争者分析部门以外的人修改储存的信息。访问者的权限必须以只读为限,对敏感的项目和计划公司应当高度保密。此外,公司应专门设置保存备份磁盘的地方,并且对于新信息至少每日备份一次。

要 点

- 使用具有巨大硬盘容量和内存的电脑系统。
- 把每天的工作保存在备份磁盘里并在线下存储。
- 确保小组以外的人员只能以只读方式访问文件。

数据库

数据库是竞争对手分析的关键,公司应当对企业、市场、运营模式等都专门建立数据库。针对所有的或者部分主要竞争对手,包括正处于上升期的那些公司,应当建立覆盖每家公司的基本信息和它们的产品、服务的核心信息的主数据库。针对某些特定项目,该数据库还可以进行补充和更新,这就省去了为每个项目重写信息的必要。这样一个产品和服务的数据库非常必要。例如,一个覆盖了所有私人汽车保险公司或者所有养老金保险公司的数据库对于想在这一领域拓展业务的公司就十分有用。

由于这些数据库为竞争者分析提供的是核心信息，所以必须对它持续进行更新。有了恰当的数据库的帮助，花费在每一个特定项目上的时间都会大大减少。但在实际工作中，往往存在一个错误的倾向，即将数据库更新工作放在一边，优先处理那些所谓的紧急任务。大多数金融服务机构总是忙于“救火”，却没有采取有效的措施“防火”，在所谓的紧急任务上浪费了太多的时间，甚至都顾不上考虑自己的战略方向。竞争者分析团队不能再犯同样的错误了，有一些领域必须每日不断维护更新才能保证工作顺利进行。

每日更新还有一个好处，那就是它可以使分析小组能在第一时间知道最新发生的事情，从而及时分析最新的市场动态。

要　点

- 建立公司、市场、产品和服务领域的数据库。
- 持续地更新数据库。
- 日常维护数据库是必须的工作。

矩阵表

使用计算机图表说明一个或多个竞争对手产品和服务的信息，或是竞争公司的情况时，将数据全部列在一个矩阵中非常有利于信息的使用。矩阵是呈现信息的重要方式，对那些习惯于用相似的方式编制预算的经理来说更是如此。

下面是一个简单的例子：

2008 年	银行 A	银行 B	银行 C	银行 D
每位员工平均利润(千英镑)	51	56	91	72
比 2007 年增加(千英镑)	10	12	4	8

我们可以在纸上画出一些简单的二维矩阵,而现代的音频和视频科技通过幻灯片、激光、各种色彩和其他技术的运用使三维矩阵表示也成为可能。习惯了电视和多媒体的观众往往能在这样的表示方式中获得比简单的二维表格更为深入的理解。矩阵能通过表格形式展示出许多要素间互相对比的关系。不过在实际操作中,因为人脑和眼睛的限制,在一个矩阵中最好不要有超过 20 条以上的信息。分析师的专业技能使他们能够发现普通人往往会忽视的东西。例如,某些要素间的某种关系可能会引发一条有关竞争对手的重要结论。

也许,矩阵的最大好处就在于用户可以自己处理信息并加入一些假设分析。

要　点

- 使用矩阵来帮助你做出报告、传递信息。
- 如果要将所有信息都填入一个矩阵很困难,那么你可以多使用几个矩阵。
- 报告的信息总量必须有所限制。
- 使用者可以按照自己的目的处理矩阵。

数据提交

一般来说，人们还是习惯在书面文件上工作并提交书面报告。有调查显示，精神集中在显示器上的时间有限，而要在显示器上仔细地思考信息也很难。但是，如果对方要将我们提交的信息拷贝到另一份文件中，或者要做一定的修改的话，电子报告会更方便。

要　点

- 确定应用书面文件还是电子文件。
- 考虑用户将如何获得并使用信息。

第 8 章

竞争对手分析模型

在过去的十几年间，专业的电脑建模工具有了很大的发展，数量也越来越多。人们建立模型的目的在于将静态的条件与动态变化的情况相结合思考问题。研究发现当信息与不同的人物、地点和事件结合的时候往往能刺激观察者的思考，并揭示出事物间新的关系，甚至能够使人们发现原来并不明显的一些疏漏。没有人确切地知道为什么会这样，也许这同它以某种方式把大脑和视觉神经联系到了一起有关。

模型的构建有助于进行假设分析。如果 A 公司再扩大 5 个百分点的市场份额会怎样？受到损害的是谁？如果两个竞争者联合的话，产品或者公司的市场占有率会发生什么样的变化？模型对统计数据很有用，但在软数据的情况下就无法发挥很大的作用了。通常来说，在特定的、条件明确的项目中它们能发挥最大的作用。

外购还是自制

某些保险产品领域存在几种建模系统。尽管这些系统相对来讲都比较新,但有些已经历了重大的修改,而有些在成形伊始就遭淘汰。这些系统既可提供标准产品,同时也可按客户要求进行定制。

很多风险和风险管理模型虽然是保险类的,但是我们也都可以使用,除非你要一个只包含单一产品的模型,那么你就没有选择只能自己构建了。

但是需要指出的是,所有的保险类的模型都存在一个问题,它们只包含了通过中介机构才能获得的产品和服务,所以那些直接向公众提供的产品就没有被考虑在内。

要　点

- 某些特定领域有一些专门的模型。
- 唯一的真正的解决办法就是从零开始构建一个模型。

汽车保险模型

在英国,针对汽车保险业的发展人们开发并完善了三个相似的模型,它们都是以经纪人从保险公司处抽取佣金的软件系统为基础发展起来的。经纪人的这套系统最初是每月更新一次,但是随着信息传送的电子化,更新的时间间隔越来越短直到模型可以做出即时的修正。

这些模型使用了一套报价系统来比较价格和其他条款,从而使保险公司能够掌握哪些类型的业务最具有或者最不具有竞争力。模型的发展使得保险公司也可以自己加入假设分析。这样保险公司就能够修正模型,以观察它们自己和其他竞争者的行为对总体价格和特定产品价格的影响。

由于这套系统在个人报价信息方面的全面性和及时性，它们成为保险公司了解价格竞争力的唯一途径。一些大型经纪公司使用这些系统来观察与汽车保险公司的磋商对价格造成的影响。

不过，这些模型往往都只覆盖了单一的销售渠道，只能提供中介机构汽车保险的销售价格，而没有将由直接承保人（Direct writers）、银行和其他销售者提供的服务价格考虑在内。

尽管这类模型有一些缺点，但是修正一个专家构建的模型显然要比尝试着自己构建模型容易得多。而且，这些模型的开发者都获得了授权，可以使用各公司最新的信息，而这些信息对于一家公司来说很难甚至是不可能从它的竞争者那里直接获得的。

要　点

- 专业模型对定价和销售有很大的作用。
- 它们只涉及了市场的一部分。
- 它们有很多弱点但是总的来说比自己设计要强得多。

家庭保险模型

和汽车保险类似，家庭保险的价格往往是以个人的经济状况为基础计算出来的。在这个领域有两个和汽车保险相似的模型。

要　点

- 专业模型对定价和销售有很大的作用。
- 它们只涉及了市场的一部分。
- 它们有很多弱点但是总的来说比自己设计要强得多。

健康保险模型

健康保险市场的竞争越来越激烈了。这方面的模型可以帮助公司很容易地比较它与其他公司保险价格及保险覆盖范围方面的信息，这些模型既有以电脑分析为基础的，也有使用书面形式的。不过，在开发这类电脑模型时，由于缺少保险公司的协助，它们只能反映一部分市场的情况，而且至今它们没有进行假设分析的能力。

要　点

- 专业模型对定价和销售有很大的作用。
- 它们只涉及了市场的一部分。
- 它们有很多弱点但是总的来说比自己设计要强得多。

人寿及相关保险模型

现在市面上至少有一个专业的电脑模型能对寿险、投资保险和健康保险产品进行对比。不过，相对于保险价格来说，这些模型更关注于保险覆盖的范围。因为不是定价模型，所以它们没有进行假设分析的能力，因此也就限制了价格的比较。

这个领域的保险销售业务极其复杂，因此不大可能会有提供价格比较的模型，除非我们将这种比较限定在一个较小的范围之内。

对直接或间接提供保险服务的公司询问报价进行价格比较的做法，在这里基本上行不通，花费在这上面的时间和金钱只具有抽样调查的意义。

要　点

- 这个领域有一到两个较好的模型。
- 它们的使用有很多限制。
- 这个领域的复杂性使得构建模型很困难。

银行业务模型

现代银行服务的性质使得它们不适合进行假设分析，也不适合价格比较模型。简单的书面或电脑系统就可以用来比较银行业的基本产品，如活期账户等。

要　点

- 在这个领域尚没有模型。
- 产品、服务的差异太大，使构建模型基本上不可能。

抵押业务模型

和人寿保险类似，这个领域中只有简单地比较产品和价格的书面及电脑模型。它们仅仅是取样工具，而不是可以进行假设分析的模型。

要　点

- 这一领域也许会有简单的模型，但它们并不能用于竞争对手分析。
- 它们只能用于相当直接的领域。

硬件和软件

现在，科技的进步速度太快，要跟上其步伐几乎是不可能的。而模型也往往只能与某些电脑系统兼容。有一些模型由于使用了庞大的数据库所以一般不适用于个人电脑。在这种情况下，网络是一种解决办法，但是也存在着网络负荷过重的危险。

随着购买对象从硬件、软件转变为在线提供服务的模型，未来的情况也许会更好。不过要指出的是，无论模型在哪里提供在线服务，运算这些数据都必须有一台强大的拥有巨大内存的电脑。

要　点

- 一些模型并不适用于个人电脑。
- 将来模型的获得会从购买软件或硬件转变为在线提供。

多边形比较法

比较产品和服务的方法有很多,而试图一次比较多于一个方面的情况通常很难处理;但是,在分析中,同时比较不同特征之间的关系往往又是最好的方法。

这里推荐一种可以一次比较八个要素的方法,它是以书面形式进行的。你可以将自己的产品或某个竞争者提供的产品与另一个竞争者类似的产品相比较。这个模型的比较是按阶段进行的,因为每个多边形只能对比两种产品,但是可以进行的比较次数是无穷无尽的。你可以对比价格和保险覆盖范围等方面的硬性情况,也可以用市场研究得到的关于消费者和中介机构对某些因素的看法等软性资料与上述硬性数据相结合进行研究比较。

假设你有一家汽车保险公司,并且认为自己的某个产品是市场上的领导者。它与竞争者相比的情况如何呢?你通过市场调研了解了消费者和中介机构对你的产品各方面的看法,你对竞争对手的产品还进行了文案和建模研究,并且市场调研也提供了消费者和中介机构对最主要的竞争对手的看法的相关信息。现在假设你通过中介机构销售产品,并且想要了解在这个领域你与其他公司之间的比较优势如何。

首先要确定多边形代表的八个方面,不要选择那些资料不足甚至只能凭猜测才能获得数据的领域。在这里假设所有选定的方面公司都拥有充分的资料，这八个方面分别是：

- 价格。消费者购买该产品的成本。
- 佣金。中介获得的报酬。
- 保险范围。保险单覆盖了多大的范围？
- 选择权。选择的范围有多大？
- 可获得性。产品对哪些消费者提供？
- 理赔服务。消费者对理赔质量的感觉。
- 其他服务。消费者对其他服务方面的感觉。
- 文献评价。产品文献的质量、设计和对产品了解的难易度。

给每个产品的每个方面赋值的方法是：为每个方面确定九个点的刻度，以中心点为平均水平或者市场标准，在它两边分别是四个正值点和四个负值点。

例如，价格方面以该种产品的平均市场价格为中点，则刻度是：

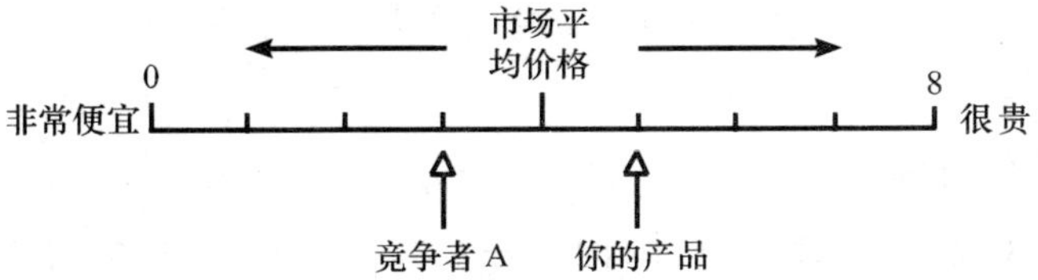

下一个方面是佣金。以市场平均价格为中心点。

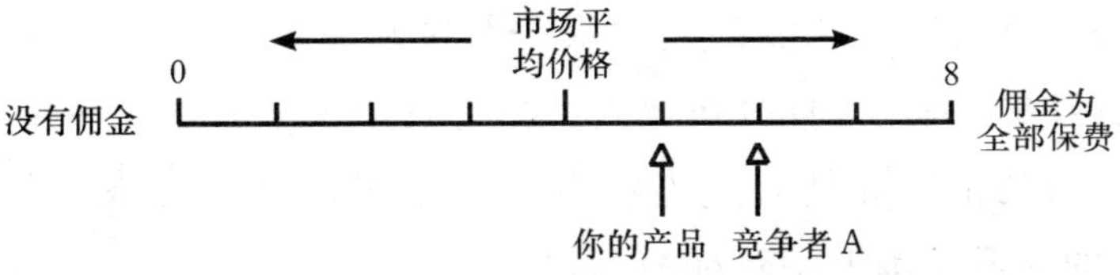

再下一个方面是保险单覆盖的范围。中点可以是市场中大多数保单所覆盖的范围，最小值点是法定要求提供的服务，最大值点

是所有服务。

选择权刻度的划分要难得多。但是中点可以是有多种选择的驾驶员保险，最小值是没有选择，而最大值是所有可能的消费者选择。

可获得性的市场标准可以是一个有经验、索赔记录良好、开着家庭轿车的司机。最大值点是任何有汽车的人，最小值点是非常苛刻的条件比如每个司机必须超过 30 岁、没有索赔记录、没有犯罪记录、拥有一个可供停车的车库。

理赔服务的刻度就是简单地从极差到极好。消费者对其他服务方面的感觉可和对产品文献的评价一样，按从糟糕到优秀评分。

以这些标准评估从 A 到 J 的每个竞争者，价格刻度如下图所示：

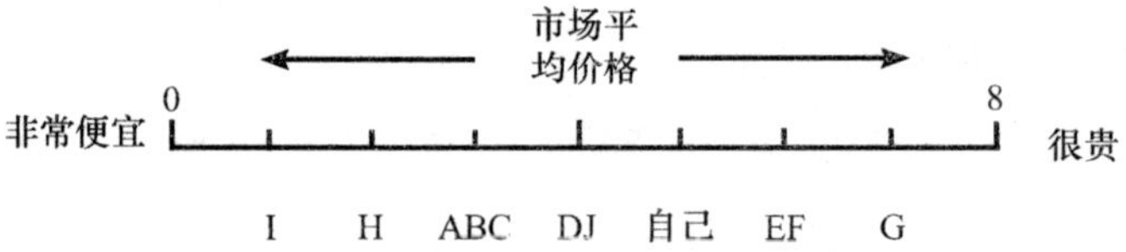

现在有两种可以选用的方法。一是把 11 个公司的所有情况放到一起来观察。或者，你可以构造一个多边形。将 8 个要素放在一起，为这 11 个保险公司各构造一个多边形。如图 8.1 所示。在这个多边形上，为每一个公司标出各个方面的值，并将各个点连接起来。

每家公司及其产品都会围成一个图形。各个图形本身没什么值得关注的，关键是你公司及其产品与各个竞争对手及市场总体状况相比较的情况如何。这里没有一个绝对的标准答案，但总体上讲，好的图形基本上是对称的。

进行多边形比较分析，是为了突出与其他产品相比你的产品是如何确立市场领导者的地位的。如果你的竞争对手的产品和你的产品有相似的形状，那么你在市场营销上将会面临困难。如果你们在价格和服务各方面都相似的话，那么你就要考虑怎样才能使自己的产品具有差异性？如果它有不同的形状，那么这或许突出了它的弱点区域，你在这方面需要加强；也或许突出了它的优势区域，你可以以此为突破口。

成功地使用这些多边形很简单，选择恰当的竞争者和恰当的标准，然后彻底地研究各方面的情况。

本书在这里无法做到的是把这些简单的平面多边形转变为三维的多面体，但是你完全可以请一位好的绘图师来完成这项工作。这就意味着我们可以将几个不同公司的多边形或者一个多边形中的各项要素放在一起比较分析，得出更为全面的结论。

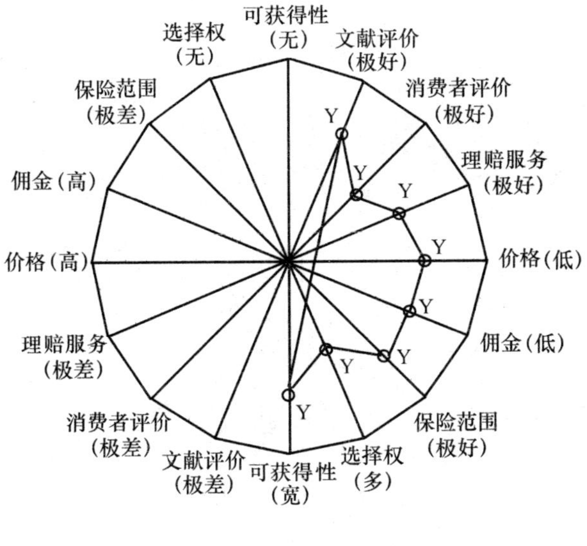

图 8.1(a)　Y＝你的公司

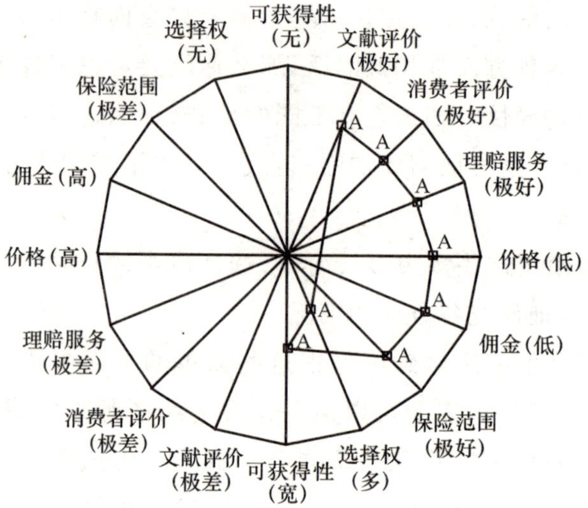

图 8.1(b) 竞争者 A

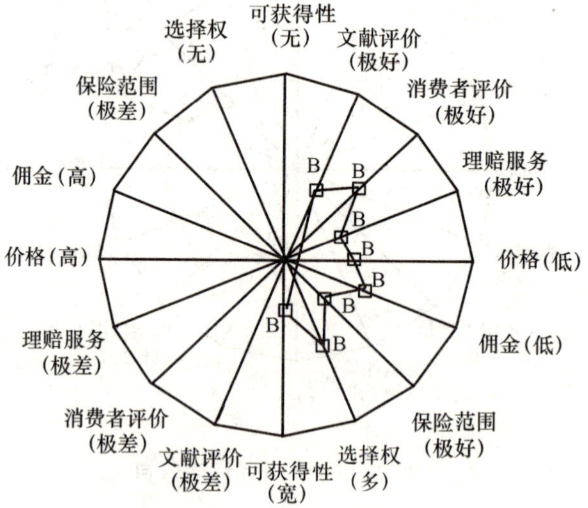

图 8.1(c) 竞争者 B

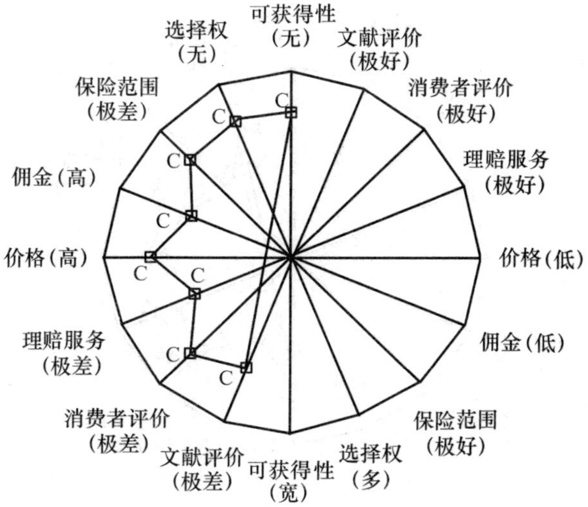

图 8.1(d)　竞争者 C

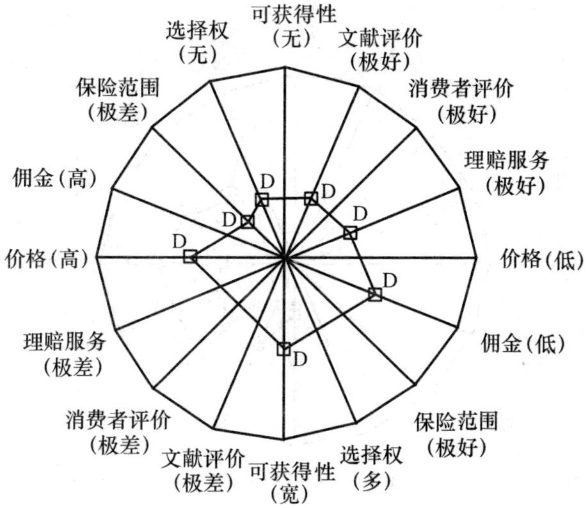

图 8.1(e)　竞争者 D

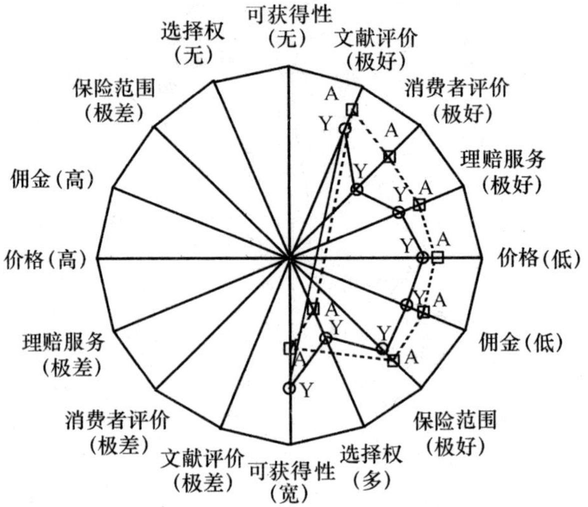

图 8.1(f) 你和竞争者 A 的对比

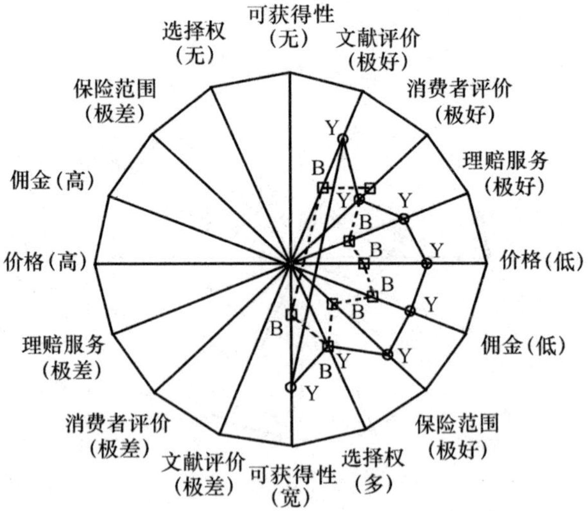

图 8.1(g) 你和竞争者 B 的对比

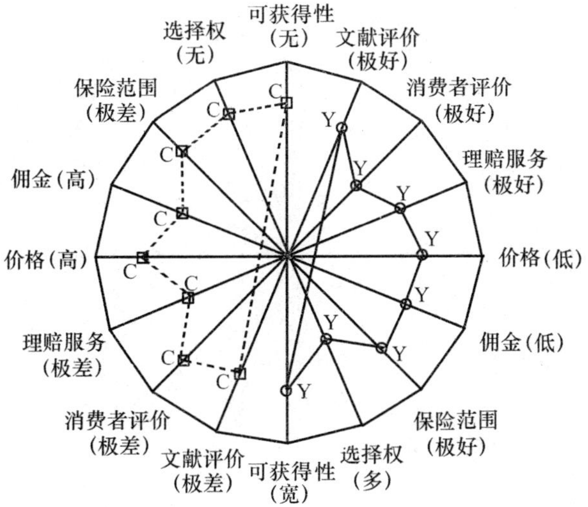

图 8.1(h)　你和竞争者 C 的对比

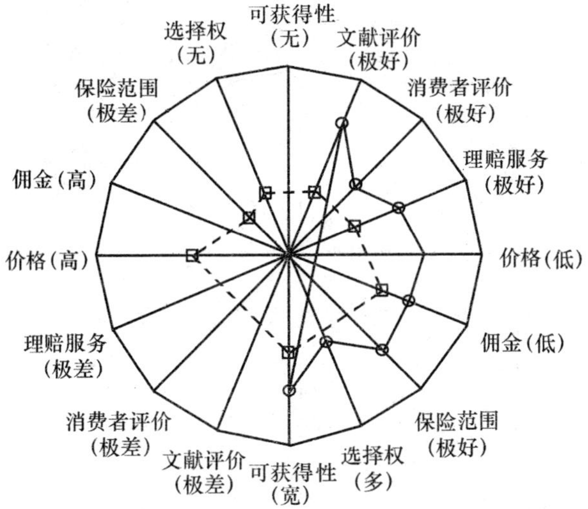

图 8.1(i)　你和竞争者 D 的对比

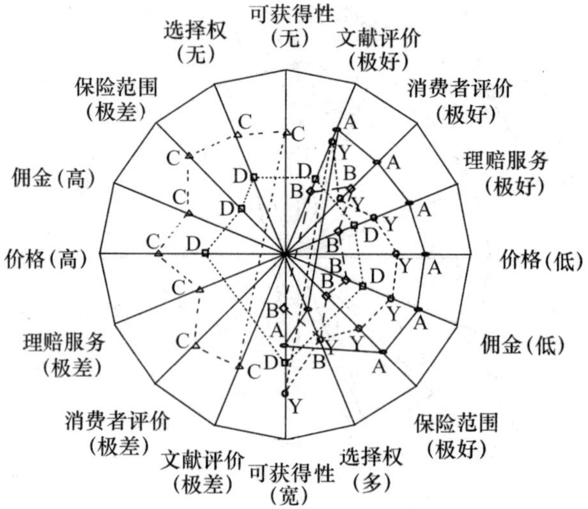

图 8.1(j)　你和竞争者 A、B、C、D 的对比

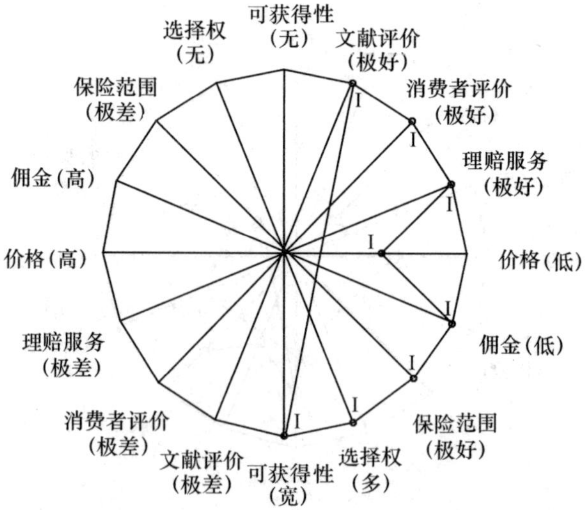

图 8.1(k)　I＝ 理想状态的公司

要　点

- 多边形是重要的工具。
- 它们能将竞争者放在一起对比。
- 在绘图之前要仔细研究认真计划。
- 一旦绘图结束，它们所包含的信息就很容易被理解。
- 它们可以被改编成三维的多面体。

SWOT 分析

SWOT 是优势(Strength)、劣势(Weakness)、机会(Opportunity)和威胁(Threats)的缩写，SWOT 分析是现在被广泛接受的管理工具。这种方法可以用于对某个公司或者某个单独的产品进行分析。

让我们看一个银行的例子：第一银行。它的优势是知名度高、财务的稳定性、拥有大量分支机构的网络系统和年轻的管理队伍。劣势在于没有电话银行业务、对抵押市场的过度依赖和客户的老龄化。机会则包括可以进行新的风险投资或兼并以获得资源、新的客户数据库、关键的电脑软件技术和提供网络银行业务的能力。它存在的潜在威胁有：容易成为被收购的对象、缺少母公司的支持和对首席执行官的依赖。SWOT 可以对这些因素进行分析(见图 8.2)。

SWOT 分析工具的使用也会受到一定程度的限制而且存在一些固有的问题。它们确实能使分析者集中精力深入了解某公司或某产品，因此很受欢迎。但是，将信息放入四个方框中(两个对立面)并不容易。看看我们的例子：拥有大量分支机构的网络系统是使客户可以随时访问的优势，还是因为高昂的花费而实际上是劣势呢？高高在上的首席执行官是使领导阶层更坚固的优势，还是使银行过

优势	机会
劣势	**威胁**

图 8.2(a) SWOT 分析

优势	机会
公司的知名度 财务的稳定性 拥有大量分支机构的网络系统 年轻的管理队伍	新的风险投资或兼并能获得资源 新的客户数据库 新的软件技术 提供网络银行业务的能力
劣势	**威胁**
没有电话银行业务 对抵押市场的过度依赖 客户的老龄化现象	被收购的目标 缺少母公司的支持 对首席执行官的依赖

图 8.2(b) 第一银行的 SWOT 分析

于依赖某一个人的劣势呢？他是可以帮助公司拓展业务、大展宏图的机会，抑或是可能因为没有人可以代替他的地位，使他自我膨胀而带领银行走向错误方向的威胁呢？

只有在解释清楚了你对各个项目归类的原因和它们代表的含义后，SWOT 分析才有实际作用。它可能在观察你自己的公司时起作用，但它对竞争对手评估的结果却是值得怀疑的。

要　点

- SWOT 分析有其优势但也有其弊端。
- 一定要将某一信息归入某个区域的要求是危险的。
- SWOT 分析看起来很好但也许只是一个自欺欺人的游戏。

第9章

本公司的产品和服务

在这本关于竞争对手分析的书中谈论你自己公司的产品和服务，这看起来似乎很奇怪。但是顾客对你的绩效的看法为比较竞争对手的产品和服务提供了重要的背景环境和反馈信息。我们应当时刻牢记：外界对于所有金融产品和服务的信息都是不完善的。

反馈和信息可以来自于本公司的职员、企业和个人消费者，以及批发商。在商业活动报告中应该包括竞争者如何对你采取的行动做出反应。在产品推出过程中，进行试点推广可能是一个不错的主意。而持续不断的监督和专门的调查也都很有用。

来自职员的反馈

随着许多后勤职位和中间管理层的撤消，越来越多的职员将直接或间接地同顾客和中介机构相联系。在他们每天的交易中，将会收集到很多关于市场总体情况和特定竞争者的传闻和信息。

公司应当鼓励职员去搜集那些即使是很微不足道的信息，这些信息组合在一起可能将揭示出关于竞争者的十分有用的事实（请参阅 5.1 节)。公司应当建立书面材料和电子信息的收集系统,而定期提醒职员收集这些信息也很有必要。此外,对于那些格外重要信息的提供者公司还应给予奖励。

大多数金融服务公司现在都意识到了寻找新业务来源的重要性。但是,随意的记录并不能告诉你为什么顾客从竞争者那里转向了你这里。也许很容易发现新的银行账户中 10% 都是从 A 银行转移而来的,而从其他顶尖银行转移来的平均只有 3%,但是你需要知道为什么顾客投向了你而不是你的一个竞争对手?是什么促使顾客首先想到了转换银行?回答这些问题会使你深入地了解,与竞争者相比,你的产品或服务,或是顾客对其他银行的感觉都是怎样的。为了得到顾客转移的正确信息,有必要事先向雇员简要交代事由背景及重要性,让他们机智地询问顾客有关离开竞争者转而投向你公司的原因。为了避免像"你们更便宜"、"你们提供的产品更好"这样无用的一般化的概括,训练员工发掘更深层次的信息是十分重要的。

找出为什么顾客离开你而投向别处的原因也同样重要。使职员认识到收集这一信息的重要性是很容易的,但实施起来很困难。没有人愿意承认自己不完美,雇员因为害怕这些信息会反映出他们自己或是同事的办事不力,因此不可避免地会对顾客离开的真正原因一带而过。交给经理经过粉饰的信息也许能满足个人的自尊心要求,但是这种信息是无用的。只有那些真实的、通常令人感到痛苦的原因才对弥补出现问题的领域有用。让员工提供所有关于工作瑕疵的信息的问题在于:管理某些领域和产品的中层经理人员认为那些反面信息会使他们的地位受到威胁,并因此采取隐蔽的手段以找出哪些雇员犯了错误。这种惩罚只要发生一次就足以使得传闻以比光速还要快的速度散布开来。这样雇员就不会再费心去收集信息了,或是干脆遗漏掉那些关键的信息,以掩盖他们和同事的错误。一个解决办法就是建立一个系统,员工通过这个系统直接向消费者分析小组提供信息。为了保护员工,有必要保证信息通道的秘密性,并且要确保根据所收集到的信息做出的报告没有指明特定的过失领域。参与这一过程的人都知道,无论一个组织对外宣称自己多么的公平,对员工多么的友好,总是会至少存在一个利用威吓手段从低级职员那里得到信息的中层经理,他的理由就是"这是我的领地,我需要知道"。高层经理需要保护员工和信息系统免受这种行为的侵害,这样才能保证得到有用的信息。找出顾客离开的原因很容易,困难的是正确地查明顾客投向了哪个竞争者,以及投向该竞争者的原因。

要　点

- 利用职员以得到反馈。
- 训练员工。
- 解释为什么需要他们的帮助。
- 清楚地告诉员工信息应该向何处传递。
- 找出顾客离开你或是投向你的原因。
- 绝不要因为坏消息而惩罚员工或是允许基层经理篡改于己不利的信息。

来自顾客的反馈

大多数公司现在都了解了从实际的和潜在的顾客那里,得到关于产品和服务的反馈信息的重要性。银行和保险公司都进行了标准化的市场研究和消费者满意度研究,但是它们仍旧没有将竞争对手的顾客满意度和消费者对自己公司的满意度结合在一起。当任何一个抱怨或问题出现的时候，保险公司或银行的标准反应总是“我们对服务进行了正式的研究，超过 90% 的顾客都对我们的服务很满意”，这可以大致解释成“是那个顾客错了，他是个特例。我们的服务没有问题，让他站一边歇着去吧”。

可悲的是，大多数金融服务公司仍旧相信它们比外部人更加清楚顾客想要些什么，它们带着这种态度开发出产品和服务并出售给大众。而另一方面，很多制造业公司很早就意识到，为了得到长期顾客，你必须明白顾客需要些什么，并出售他们所需要的东西。

那么，竞争者分析如何发挥作用呢？答案很简单。如果你对本公司的服务进行一项市场研究，并得到了一个不变的结果，你可能会像以前一样沾沾自喜。但在残酷的现实中，事情已经发生了变化。顾客不再愿意去忍受劣质的服务，他们希望得到优质的服务。能够使公司脱颖而出的服务仅仅达到优质还不够，必须卓越才行。现如今的顾客想要得到的不仅仅是优质的服务，他们还希望感到愉悦、得到惊喜，并被当作特殊的贵宾来对待。

顾客态度的这一变化已经不知不觉地影响到了大多数金融服务公司。如果它们已经不止对自己的产品和服务，而且还对竞争对手的产品和服务也衡量了顾客满意度，那么，对这一变化它们就不会感到如此吃惊了。

公司应当收集顾客的反馈，这样就可以为比较自己与竞争对手的产品和服务确定一个基准。很多人建议公司应与行业平均水平进行比较，这是一种很短视的做法。平均水平只是平均水平而已，而且一般来说，平均水平的公司迟早都会破产。最重要的竞争者信息来自于最好的公司，这里说的是在各自的某一个方面最好的公司。对于每一种服务或一种服务的每一个方面来说，这样的公司可能都是不同的。你的目标必须是做最好的。这就像足球比赛一样，在每一赛季的一开始，每一个经理都有相同的目标：做联赛中最好的。任何目标设置低于此的经理都将以失业而告终。

为了使这个方法发挥作用，反馈的结果应当直接引致产品和服务的改善。金融服务公司在改变其服务方面总是做得很慢。它们习惯于对现有的服务和产品进行拙劣的修补和缓慢的改善，但这很少能使公司进入市场领先地位。在高度竞争的现代世界中，产品和服务在几个月内就能被复制，所以快速反应只能使你获得暂时的优势。无论你多么频繁地改善长期存在的产品，对于竞争者来说，复制和改善这些都很容易。而在顾客服务或产品方面的领先突破，竞争者却很难与你竞争。竞争者分析在这里起到了一个至关重要的作用，它可以帮助公司确认出最好、最先进的产品和服务。

还要注意的是，公司很容易将比较局限在相似的服务领域中。横向思维有助于突破这一点。例如，公司 K 在小轿车修理方面提供了优质的服务，所以它可能在小轿车保险方面也做得很好。零售商 M 在服装领域具有极高的顾客满意度，所以它可能在人寿保险和养老金的提供方面也做得很好。如果你的公司没有在思维方面取得这些创造性的突破，并在产品开发的时候利用这些突破，那么新的或现有的竞争者将会这么做并借此超过你。

要 点

- 利用顾客获得有关竞争者的信息。
- 将这一信息与顾客满意度研究结合在一起。
- 利用顾客确定你能比竞争者做得更好的领域。
- 公司特有的信息极其重要。
- 同时运用关于服务的软性信息以及关于产品的硬性信息。

商业活动报告

在一个营销和广告至关重要的时代，大多数公司都会通过统计业务咨询的数量以及产品销售的数量来对它们商业活动的效果进行评估。但是它们通常忘记了更加广泛的问题。例如，一家保险公司推出了一项新的摩托车保险产品。在推出之前，它应该检查一下其他竞争者都在提供什么样的服务，并使用比较分析来武装它的销售队伍，这些比较分析应当强调与竞争对手的相比该公司该项保险的特点和对消费者的益处。但是，很少有公司会在这一阶段关注中介机构和顾客的反应。它们的反应可能是“公司A的产品价格更低”或是“公司C提供了更多的服务”或是“公司D提供了更好的服务”。即使是富有经验的营销人员也经常会忽略这一点：重要的不在于你的保险产品相对于竞争者来说如何，而是顾客认为它们相比如何。公司对消费者和中介机构的了解通常不够，因此在一场商业活动发起后的几天之内就收回反馈报告至关重要。这意味着更多的书面工作，但是较早地得到相对于竞争者而言顾客对你产品的感觉这样的信息十分重要。如果此项工作做得足够快，那么就能够在第一时间改进营销工作，为销售小组提供案例并准备问题和答案清单，使他们在顾客出现负面感知时能很好地应对。做这项工作最好的时点是在商业活动进行当中，尽管在活动结束以后它仍旧很重要。

追踪竞争者如何对它的顾客和中介机构评价你的产品和服务同样也很重要。这类信息虽然琐碎，但却意义非凡。它们可能会说你就要破产了，说你的投资绩效是行业中最差的之一，说你的职员士气低落渴望离开，说你的计算机系统无法处理顾客的投诉等等。将这样的传闻提供给竞争者信息系统自然很重要。

要 点

- 每次当你推出或重新推出一项产品或者服务的时候,应当在商业活动报告中阐述收集的反馈信息。
- 将竞争者的细节信息和对产品/服务的反应包括在内。
- 包括顾客的比较。
- 在活动当中进行此项工作。
- 了解竞争者对你的评价。

竞争者对你产品的反应

当推出一项新产品或者服务的时候,公司总是有极大的冲动要一次出光所有的牌以获得当前的优势。但是没有哪个将军会在一场激烈的战斗中不给自己留点储备,较成功的金融服务机构总是拥有一些“后备队”以改善产品并应对竞争者的反应。如果产品是以两种“先行者”的形式推出的,那么第一个“后备队”就是第三种同类的产品,第二个“后备队”可能是服务支持热线,而第三个则是创新的产品。这种升级版本的产品在激烈竞争的市场中很有意义。公司应当在推出一种产品的同时保留一些更好的版本,以防第一种产品失败或竞争者推出了它们更好的产品。

你当然可以在真空中做到这一切,但是如果能从顾客那里得到关于竞争者在采取什么行动的反馈就更好了。它们可能仅仅在加强广告或营销方面的工作,但是更令人担忧的是它们可能推出了自己的产品升级版本,这一版本在价格和功能上都胜过了你的产品。因此,关注竞争者这些行为的影响,以确定对自己的产品或营销组合采取什么行动十分重要。

这很像是一场事先就规划好进攻着法和防守着法的国际象棋比赛。如果你不知道对手如何出着,就算具有战术和战略能力也毫无用处。所以好而快的竞争者情报至关重要。

要　点

- 对你的主动行动,竞争者是如何应对的?
- 它们如何评价你的产品和服务?
- 考虑是否保留产品改善的空间。
- 使用竞争者信息以确定战术。

新产品试点

推出一项新的产品或服务成本相当高昂。过去有这样一种说法,无论竞争者如何反应,任何一种新产品都会在六个月内保持领先地位。但是现在,对于一些产品来说,计算机技术将这一领先时间缩短到了几周甚至几天。

为了避免精力和资源的浪费,在产品和服务的推出过程中试点很重要。在试点的过程中,追踪竞争者关于相关产品的行动和评价非常关键。竞争者信息经常能帮助公司决定在哪里进行试点。冒险的人可能会希望在一个主要竞争者最擅长的领域进行试点,这是基于这样的想法:如果在这样的领域行得通,那么在其他任何地方肯定也行得通。不过,人的本性是回避风险的,因此大部分人倾向于选择在竞争者最不擅长的领域对新产品进行试点。但是,无论你选择哪一种试点方式,除非你知道竞争者擅长什么不擅长什么,否则你无法评价试点进行得是好还是坏。

正如一次完整的产品推出过程应当出具一份报告一样，试点完之后，负责的团队也应出具报告。

要　点

- 在决定对新产品进行试点的地点和方法的时候，应考虑到竞争者。
- 追踪竞争者对产品的反应。
- 应当出具试点报告。

追踪研究

正如要对推出新产品的成功与否进行监督一样，对你如何成功地应对竞争也需要进行不断的评价。这一追踪研究的信息在某一特殊项目竞争出现的时候会很有帮助。

从追踪研究中得到的反馈信息时间长短不一，可能是每周一次，也可能是每年一次；而通常年度的反馈信息将在很长一段时间内奏效。进行追踪研究的团队通常会对照一些选定的竞争者追踪你的公司。通过对产品、服务、声誉以及其他许多软性和硬性标准的评估，它们能够追踪公司的绩效并评价你在最终消费者和中介机构眼中的形象。

对于追踪研究来说，选择合适的竞争者用于比较十分重要。你可能有100个竞争者，但是在实践中，追踪研究将只限于十几个或更少的公司，这是因为调查对象无法忍受那么多的问题。

追踪研究的问题之一就是，为了对不同年份的绩效进行评定，需要有一个稳定的标准。但是金融业变化得如此之快，以至于关键的要素可能会突然发生改变，新的重要的竞争者可能会迅速取代老的竞争者，而行业内也随时可能会出现新的消费者标准，比如，24 小时营业。这就需要追踪研究应当在保持要素的稳定性以使得不同时点的比较有意义，以及保持要素的灵活性以使其保持不断更新之间达到一个谨慎的平衡。

追踪研究通常是市场研究小组的研究领域，但是将它跟竞争者分析小组联系起来也很重要。一些研究公司和内部的市场研究人员喜欢将得到的信息简化，以使其更加容易使用和描述。但是如果信息以这样的方式展示，你可能会失去调查对象真实的评价和其他有用的零碎信息，你可能会注意不到顾客对竞争者提供的某些产品最初表示出的一点轻微的不满，或者新进入者进入市场的细微迹象。这些信息很容易被忽略掉，但是对于竞争者分析小组来说它们又至关重要，研究者们应当明白它们的重要性。

竞争者分析小组能够帮助确定将哪些公司囊括在追踪研究之中。一种方案可能是选择那些规模相似的公司或该领域的市场领导者。而一个更加宽广的视角则是去关注那些规模虽然不同，但是却能对你所选择的目标市场产生巨大影响的公司。

要　点

- 追踪关键竞争者。
- 决定什么时候需要反馈，以多长的时间间隔反馈。
- 考虑将竞争者分析与追踪研究相结合。
- 保持标准的稳定性，但同时又要保持足够的灵活性以反映新的事件。
- 准确的信息很宝贵。

特定研究

市场研究分析了顾客对你产品和服务的反应,这一研究意义重大,它经常能清楚地展示竞争者的行动。因此这一信息需要传递给竞争者分析小组。

而特定研究则能够填补对竞争者信息的空白,它们能够进一步证实或否定已有的观念。例如,一个在专业化、但又高度竞争的保险行业细分市场中经营的公司,委托进行一项特定研究。公司很肯定地知道排在前三位的竞争者都是谁,并且清楚地了解还有哪些竞争者是关键的竞争者。但是特定研究却很快判断出某些很活跃的竞争者没有看起来那么强大和重要,而且还揭示出了一些正在不断攫取剩余市场的悄无声息的竞争者,以及一些野心勃勃的竞争者。不仅排在前20位的市场参与者的最终排列顺序会不同于委托人的预期,而且某些预期会进入前20名的竞争者实际上并不在,而其他那些不受重视的竞争者却排在了前10位。如果即使在一个很狭窄的领域中公司都会对真正重要的竞争者产生错误的认识,那么在一个非专业化的领域里误解的可能性又会有多大呢?这个例子充分表明了外部人视角的价值,而且表明竞争者分析小组不应该仅仅受公司内部和市场专家的指导来确定将谁看作是关键的竞争者。

要 点

- 核查从市场研究项目中得到的关于竞争者的信息。
- 特定研究能够填补信息空白。
- 不要太看重专家的意见。
- 什么也不要想当然。

分　析

得到信息虽然困难，但是分析信息更加不易。迅速而简单地进行分析的关键，就是首先要建立一个信息收集系统以正确地分析各种反应。这里，很重要的一点是既不要把信息分解成太小的块以至于无法把握信息的脉络，也不要走向另一个极端，将信息分成太大的类以至于毫无用处。

分析信息是一门艺术而不是科学。没有两个看到相同信息的人会得到几乎相同的结论，这是因为信息只有经过解释才会有用，这时经验就发挥作用了。对信息的解读可能并不是它们乍看起来的那样。例如，顾客会混淆经纪人和保险公司；而有时信息的提供者也并不理解信用保险(Credit insurance)和贷方保险(Creditor insurance)是完全不同的。这就显示出那些具有相关专业知识，能够确定信息质量高低的分析师的重要性。

两个例子在这里可能会有所帮助。一家市场研究公司使用一套有缺陷的数据收集系统。为了查明一个专业领域的市场规模大小，它向市场中的所有公司询问了有关市场总体和具体公司的信息。但是它遗漏了一些重要的竞争者，而且只从它所询问的 3/4 的公司中得到了回答。于是它就犯了一个错误，它通过将这些回答加总就得到了市场的合计数。对于那些能够看到调查对象的列表以及知道哪些公司被遗漏的人来说，这个错误很显著。但是对于那些不了解市场的这项研究结果的购买者来说，十有八九会将这个市场合计数当作真实的情况。

另一个经典的错误则常常会出现在英国有关市场份额的数据上。询问 100 家公司它们都在谁那里为公司的车队投保，50 家会给出保险公司的名称，10 家会给出经纪人的名称，20 家会说是劳埃德

(Lloyds),20 家会给出劳埃德辛迪加公司的名称。除非分析家知道哪些名字是经纪人,哪些是保险公司,哪些是辛迪加,否则市场份额的数据就会是错误的。在分析公司以及辛迪加数据的时候,除非分析师了解哪些名字是旧名或是商号,以及哪些已经破产了,否则提出的将会是一份没有意义的报告。使用那些不具有专家经验的分析师的问题就在于,如果报告包含任何一个行业专家们都十分熟悉的错误,那么这份报告就会贻笑大方。汽车保险经理的反应会是:这份报告就是垃圾:谁都知道 XYZ 两年前已经退出市场了,而且 ABC 从来没有承接过这种类型的保险。就算这些错误与报告最终的结论并不相关,它们也破坏了整个分析活动的可信性。

只要有可能,就应将来自于某一特定渠道或调查报告的信息与来自其他渠道的信息进行交叉核对。要知道二手信息总是存在着这样的危险:从第一手的信息来源处传递信息或分析信息的人所犯的任何一个错误,都会被随后使用信息的人当作真理来对待。

要点

- 好的分析依赖于最初的正确的方法论。
- 分析是一门艺术而不是科学。
- 简单的错误会破坏信息的真正价值。
- 应当对照其他信息来源对结果进行交叉核对。

第10章

竞争对手的产品和服务

弄清楚竞争对手提供什么产品有时候很困难。对于一个小汽车制造商来说这很容易:你去阅读广告,去观看宣传短片,阅读汽车报刊,如果有可能的话购买汽车。对于家用电器的制造商来说,买一台电器然后分析它也是完全可能的。而在金融服务领域,这样做则比较困难了,因为很难真正买到这种产品;在有些情况下甚至根本就不可能买到,比如说检验一项人寿保险的服务质量。这就使得你只能依靠产品和服务的宣传手册及其他二手信息来进行分析。

宣传手册提供的信息的准确程度取决于产品的领域。如果是像房屋或汽车保险这样简单的东西,那么产品的宣传手册将会提供大部分的信息。但是在电子系统下,从宣传手册里面得到价格信息现在几乎不可能。像"公司定制服务"这样复杂的产品,它的产品宣传手册经常故意很模糊。在这里,唯一真正可依靠的东西就是行业或消费者报刊中有关产品的信息。

对于金融服务领域的竞争者信息来说,真正的问题在于产品通常是一个模糊的未来承诺,比如说"如果你去世了,我们将付钱",或者"如果你的小汽车被盗,我们将付钱"。宣传手册不大可能会提到这样的不利方面:"如果你活着,我们将留下所有的钱"或者"如果你的小汽车被盗，我们将讨价还价，拖拖拉拉，所以你将碰到一笔很差劲的交易，让你变得很恼火”。这些极端的例子说明，没有哪个营销或者广告的宣传手册能够去确认那些在竞争中，与产品本身一样重要的顾客服务要素究竟如何。可怜的顾客也无从知晓那些承诺究竟有多好，因此不得不去依靠广告和营销宣传手册来做决策，当然现在还包括了来自于电台、电视、因特网等的信息。

你需要什么样的信息取决于你自己的业务。对于一个专一化经营的公司来说，信息收集程序很简单，但是对于一个提供产品和服务的范围很广的公司来说，这就困难得多了。

公司首先要做的是建立一个很好的信息中心（请参阅 4.2 节）。这将使你能够确认所有现有的和潜在的竞争者。然后你需要根据产品、服务、地理位置和商号来对所有的竞争者分类。在此基础上，你需要确定对哪些领域进行分析：不仅有你现在所处的产品和服务领域，而且还应有你希望进入的领域。

基本信息到位后，你将处在这样一个位置上：在需要的时候你就可以迅速地深入观察某一个领域或竞争者。不要试图一次得到太多领域的详细信息，这会因为信息超载而导致资源的浪费。你应将数据库看作是一个图书馆：你不可能同时阅读很多书，但是你需要一个系统使你能够在需要的时候得到那些书。

现有的竞争者

近些年来，由于有很多别的组织都进入了银行业务领域，因此银行不应仅将眼光放在那些显而易见的竞争者上，而要看得更远。银行与银行间竞争着提供活期账户的服务，但是提供储蓄账户的保险公司呢？那些提供活期账户和储蓄账户的超级市场呢？仅仅通过中介机构进行交易的汽车保险公司与所有其他使用该渠道的公司相竞争。但是一旦你从顾客而不是供应商的角度来观察市场，竞争对手很快就会包括所有的直接保险公司，以及那些提供一揽子服务的经纪公司，更不要说银行和建房互助协会了。

投资和储蓄的选择更是形形色色。拥有多余现金的顾客可以选择将它们放进银行或建房互助协会，买国债或存进邮局。也可以用这些现金购买人寿或养老金保险，还可以投资于股票市场、赛马或者放在床垫下面。

这里的意思很简单：忘掉你自己的行业或分销渠道，从顾客的角度来观察整个世界。为跨国公司提供保险的保险公司已经在市场中损失了几十亿英镑，因为它们没有及时地意识到跨国公司已经开发出了度量、承担和分散风险的方法，因此不再需要保险公司了。

要　点

- 你的竞争者可能比你想象的要多。
- 将直接和间接竞争者包括进来。
- 考虑产品用途而不是产品类型。
- 从顾客而不是供应商的角度来看待产品。

未来的竞争者

弄清楚所有已有的竞争者就已经足够困难，更不要说监控那些可能进入市场的竞争者了。但是，看看英国的零售商是如何利用它们的品牌进入银行和保险行业的，这样的新进入者不应被忽视。大多数汽车保险公司对通过电话方式销售汽车保险这一观念不屑一顾，多年以来它们一直没有把 Direct Line 真正当作竞争者来对待，但结果却是，在它推出产品的10年后，该公司在规模和发展前景方面都占据了市场的主导地位。在Virgin Direct进入投资市场，以及Marks & Spencer提供贷款和信托服务的时候也出现了同样的事情。由于都是不按标准的行业规则出牌的新进入者，因此它们被忽视了，它们的影响也被低估了。而如今，英国和欧洲其他国家的许多主要超市向银行和保险行业的挺进再一次被那些传统的金融服务公司低估了。

现代技术意味着银行和保险公司面临着来自于零售商、航空公司、电脑供应商、技术提供者以及汽车制造商的竞争。倘若有顾客基础，提供无形的金融服务和产品对于任何一个拥有技术的公司来说都很容易。再进一步想想，你会发现货币只是商品交易的手段之一，如果系统的发展使得不再需要货币的转移，那么公司将可以完全绕开传统的银行业，因为那时没有人再会需要提款机或银行分理处。顾客可能会抵制这样剧烈的变化，但可以肯定的是一些新兴业务一定会充分地利用这些技术。

这里的关键就是不要做井底之蛙，仔细分析谁可能会进入你所在的或你想要进入的市场。当任何一个竞争者想到（当然，并且公开否认）某一计划的时候，竞争者分析小组就需要将它纳入到竞争者分析中来并进行追踪。这并不仅仅意味着将它的名字添加到名单中去，我们应当关注它的分销模式或正在使用的方法，并从品牌价值或顾客的角度来评价它。Virgin就是一个典型的例子。Virgin Direct提供的产品可能优于也可能劣于许多竞争者的产品；差异就在于该公司具有一个公众都知道的名字。除此之外，它拥有一个被顾客与友好的服务以及卓越的价值联系在一起的品牌。多数金融服务公司都宣称自己比任何一个零售商新进入者都要出名；它可能是名气更大，但是这实际上并没有赋予它品牌价值。例如，一个顾客可能会知道一家保险公司或银行，但是却将它的名字与它所赞助的一项运动项目或差劲的服务联系在了一起；这并不是品牌认知。

金融服务公司实在是太容易忽略或低估那些市场新进入者的重要性了。虽然有充分的理由相信一些新进入者会完全失败，但是一家公司只有跟踪了解这些竞争者，才能真正理解它们对自己的市场有多么重要或不重要。来自于其他市场领域的新进入者可能微不足道，但很多时候却是它们改变了游戏规则，这使得公司不得不完全改变它与顾客交易的方式以及它的广告和营销策略。

要　点

- 关注来自制造业和零售业的新进入者。
- 考虑技术的发展。
- 注意各种类型的消费者服务公司。
- 用国际化思维思考问题。

选择分析对象

决定对哪些竞争者大致观察，对哪些竞争者详细追踪，从来就不是一件容易的事情。答案对各个公司来说都是不同的。对于一家多元化经营的公司来说，它要在以下两个方面之间进行抉择：是将相似的公司作为一个整体来追踪，还是根据产品线来分析竞争者以包括那些规模较小的专业化公司。在现实中，这并不是一个非此即彼的决策。为了把工作做好，你需要两件事都去做。要紧的是做到多么细致。

选择要追踪的竞争者，符合逻辑的方法似乎是将那些在市场中排名前 10 位的竞争者纳入在内就可以了。但是除此之外可能存在着其他专业化的公司，它们在以一种与众不同的方式提供产品和服务。因此即使不是排在前10位的公司，它们也可能对你的业务产生重大的影响。例如，一家专为富豪阶层提供服务的银行，从来就没有打算要成为一个大众化的明星。但是它可以抢走大众化银行中业绩很好的工作人员，以及同他们相关的业务。一家专长于宠物保险的保险公司可能不会威胁到一家汽车保险公司，但是如果它将它的专长和顾客数据库运用到另外一个领域，那么麻烦就来了。

要 点

- 集中精力于关键竞争者。
- 关注其他人，但是不要太注意细节。
- 关键竞争者可能会因为业务和地区的不同而不同。
- 谨防那些可能会进入新的领域的专业化公司。

战略、战术和目标

竞争对手产品和服务的细节提供了重要的硬性信息。但是从长期来看，软性信息会更加重要。一家公司提供的产品和服务可能看起来跟别处提供的没有什么大的差别，差别可能就在于公司的目标以及它打算如何贯彻这一目标。

公司该如何认识自己的服务、自己的雇员以及自己的未来？为了成为它所选择的领域内的领先公司，它可能拥有一个对外宣称的目标：为顾客提供最好的服务，传递最好的价值。其他许多公司可能也会这么说。竞争者分析人员所要做的就是透过这些用来满足股东、顾客和市场分析师的宣传和公关手段看得更远。现实中，可能存在着硬性信息支持那些似乎让人无法相信的声明。例如，当大多数竞争者声明自己的目标是让顾客满意的时候,一家公司却在声明要使百分之百的顾客都满意,并且它通过与每一个顾客取得联系,向他们询问服务的实际状况来向着声明的目标努力。

在过去,大多数保险公司和银行都认为长期计划所规划的是下一个商业年度。可悲的是,一些公司现在仍旧这么认为,并且配合以不断变化的三年计划。而在世界上的其他国家,一份长期计划会覆盖20年的时间。因为,能够驱动竞争者行为的是长期战略而不是短期的机会主义措施。

使命陈述以及关于公司目标的类似表述通常在表面上看起来都很不错,但是竞争者分析却能够揭示出其中有多少仅仅是花言巧语。拥有切合实际的战略和切实可行的使命的公司,通常也具有衡量成功与否的手段,它们经常会宣传这些。这是确定那些最具有实力的竞争者的方法之一。

长期视角同样也适用于竞争者分析。公司很容易因为最近发生的事情而搞不清竞争者的优势和劣势。查明竞争者的短期目标,并监控其在某一特定领域内最近的活动当然很重要,但是还要看看竞争者在长期内可能会有什么样的举措。比如,一家与你竞争的保险公司可能在几个月内打出了很有竞争力的价格,这时我们就需要弄清楚它的目标是将弱势的竞争者驱赶出市场还是急需资金注入以支付员工工资,从而避免被母公司关闭。在银行业,为学生提供开户服务形成了很多盈利能力较差的业务,这一行为看起来慷慨得近乎荒谬。但是,从长期来看,学生毕业后可能会有很高的工资收入,会办理抵押贷款和进行投资,甚至可能处在很有影响力的地位上,能决定大公司在哪里开户等。尽早地建立顾客忠诚可能会在以后得到丰厚的回报。

因此,公司应该对自己的战略进行修订,以使它符合所收集到的竞争者信息。其中很重要的一点就是评估竞争者的活动是短期战术还是长期战略中的一个组成部分。

将产品和服务作为一个整体来考察通常也很有必要。例如，一个顾客可能同时在一家银行拥有支票活期账户、储蓄账户、抵押贷款以及人寿保险等服务；在某一领域内的服务和产品的优势可能会超过在另一领域内的劣势。我们应当牢记顾客经常都是不理智的，不具有完备的信息，往往难以记住从你那里购买的产品和服务的细节，更不要说它们对竞争者产品的了解情况了。许多公司现在都在建立顾客信息系统，关注已有的或能够与顾客建立的关系。这使得从顾客的角度考虑竞争者的信息变得更加重要。一个顾客可能希望从一个地方就可以得到银行服务和许多保险服务，因此能够通过电话提供多种服务这一优势就可能成为一个非常关键的竞争手段。如果顾客为了从你那里得到产品，不得不去与你公司内的很多部门打交道，但是却能在竞争者的一个部门就全部解决，那么，事实就是，你的产品再便宜再好也是徒劳；顾客已经根据其他的因素做出选择了。从顾客的角度去认识竞争还能使公司发现那些别人提供而自己没有提供，但是对自己很有好处的产品和服务。

要点

- 产品和服务只是组合的一部分。
- 竞争者的战略和战术很重要。
- 长期战略可能会长达20年。
- 不要让眼下的成功或失败蒙蔽了你对竞争者的长期看法。
- 考虑顾客而不是产品。

产　品

为了给顾客(也有一些人说同时也是为了给工作人员)提供方便,金融服务公司提供的很多业务都被简化成了产品。大公司可以为个人和企业提供上百种这样的产品。掌握竞争者的产品情况经常是一场噩梦。当一切都以书面形式记录的时候,所有的材料堆成了山。有了电子储存和传送技术,掌握信息就容易多了,但是由于竞争者可能不提供书面的报价,因此得到原始信息可能会更加困难。

当然,你可以详细地追踪关键竞争者提供的每一种产品,但是现实中可能并不需要这么大量的信息。关键就是要知道它提供的每一种产品,以便在需要的时候进行更加详尽的深入分析。这可能会发生在对手推出产品或改进产品或发动一波营销攻势之前。

竞争者可以划分成两大类:那些被看作是多面手的公司,它们在一个很广阔的产品和服务领域内提供服务,以及那些在某些领域内专业化经营的较小的公司。进行分析的方法之一就是分析所有的产品特征并对其加以比较。这具有覆盖范围非常完全的优点,但是在实践中用途很有限。一个更好的方法是取你自己的产品以及两个关键竞争者的产品,将比较的重心放在产品的关键特征和对顾客的关键益处上面。这通常会要么揭示出惊人的一致性,要么指出利害相关的关键领域。

大多数公司都进行这样的长期或短期比较,并且分析一完成就在公司内部传达这一信息。这是方法之一,但是这样并没有增加多少价值。一个更好的办法就是将你的产品与竞争者产品之间的正面差异和负面差异分离开来。于是我们可以用价值增加量来评价产品特征为顾客提供了什么样的好处。为了全面了解这一点,我们可以回顾一下 20 世纪 80 年代和 90 年代初,英国各家公司在保险业某些领域内的竞争。当时各种保险产品价格已经降到了很低的水平,所以公司试图在其他方面展开竞争。服务方面并没有什么真正的差别,所以变革主要针对的是产品。每当一家公司推出一种具有附加特征的更好的产品时,市场中的其他公司也会这么做。很少有公司会坐下来仔细想想这些华而不实的东西是不是顾客真正想要和需要的。一些公司开始意识到这一切只能使产品成本不断提高,并且顾客不可避免地要为这样的成本买单,而不论他们是否想得到这样的产品。一些保险公司虽然提供了价格较低的产品,但是许多产品并没有顾客想要得到的某些特征。所以,在对产品进行比较的时候,我们应当在埋头工作前先退回一步仔细想想。

建立产品比较模型需要仔细地考虑。一般来说,我们应从自己的产品入手,添加关键的市场特征,然后添加特定竞争者的特征。此外,还应关注其他可供添加的可行的产品理念。

许多公司仅仅比较产品的特征,这样可能会产生误导。产品的可获得性和价格也应考虑进来。例如,对两家银行账户进行的比较可能显示出,与另一家相比,一家银行的账户具有许多额外的特征,但是如果这些更好的产品只是提供给那些投资额很大的有钱人的话,将这样的产品与那些适合一般消费者的产品进行比较就毫无意义。类似地,将一种为企业员工提供的养老金与那些适合于自雇人员的养老金进行比较也没有意义。但是,专门的细分化产品也不应被忽略,其中的一个或多个特征可以转移到其他更加一般的产品中去。

产品比较有两种类型:真正的比较和销售比较。真正的比较会显示出与竞争者相比,你自己产品的所有瑕疵和优点。而一些销售比较,仅仅强调那些你比竞争者略胜一筹的领域,这样做不可避免地会使你在行业中的顾客和中介机构那里背上坏名声。我们在新闻媒体和其他一些地方都见到过这样的情况,一家公司刻意地省略掉了自己的产品不足的问题，或省略掉了那些质量很好、但知名度较小的竞争者产品。竞争者分析小组的职责就是要提供真正的比较，以便让消费者了解真情。

要　点

- 追踪和比较每一个竞争者的每一种产品是不可能的。
- 集中精力于关键的竞争者。
- 抓住行业或者市场的概况。
- 从顾客的角度而不是从你产品的角度。
- 建立一个产品比较模型。

服　务

保险公司和银行的许多产品实际上都是服务。其中的一些服务是为顾客单独量身定制的，你不能以与产品相同的方式来对这样的服务进行比较，因为对于大多数种类来说，你最终得到的服务比较结果将是"各不相同"。

一个很好的比较方法就是看看顾客真正需要什么，以及服务如何与这些需要相匹配。这就提供了一个进行比较的框架。退一步，首先，问一问服务针对的都是谁？服务是如何提供的？存在最低成本吗？如何对它们进行营销和宣传？它们与公司其他活动间的相关性如何？最后一点非常关键，因为专家的免费或有偿服务经常只有那些购买了其他产品或服务的个人或公司才可以获得，比如，火灾和盗窃调查只对那些购买了商业保险的公司才免费。

要 点

- 为顾客量身定制的差别化服务很难进行比较。
- 关注服务满足了顾客的哪些需要而不是服务本身。
- 关注与其他的产品和服务相联系的服务。
- 考虑顾客而不是公司。

资源、生产能力和组织网络

产品和服务只是竞争者的公众形象，它们的组织如何运作也一样有趣。它们提供什么产品和服务？公司自己提供的是什么，外包的又是什么？它们通过交互持股与其他公司建立了什么样的联系？

在工厂里面，判断生产能力再简单不过。如果有200台机器，而只有150台在运转，那么通过将其他50台机器投入使用就可以在短期内提高产出。这大致描述了公司的生产能力。对于银行和保险公司来说，看公司是否在满负荷运转要困难得多，但是做出判断却也同样重要。职员可能在加班，办公室空间可能已经显得很狭小，电话线可能有限，一切都可以在长期内得到改善，但是在短期内改变却可能很困难。具有多余生产能力的公司更有可能通过在某些领域加大投入，或者进入其他领域来增强竞争力。那些生产能力已经超负荷的公司可能会发现，它们已经难以对竞争者提供的改进产品或服务做出反应，也很难进入新的领域了。

不幸的是，当需要收集这种类型的信息，并需要对它们进行分析和存储的时候，没有一条过滤掉繁杂信息、归纳出重要信息的捷径。但是，我们有一些可以预示竞争者未来行动的有用的指示器。

- 事件。最近发生的事情。

- 计划。在未来两年公司企图做些什么？
- 抱负。公司打算做什么，比如说进入新的市场、收购其他企业、开办新的办事处、做市场领导者？
- 评论。来自于公司管理层的评论经常能为上面的问题提供线索。因为这些评论大多数都是针对顾客和投资者的公关行为，因此，需要带着一点批判的眼光来去伪存真。但是，多数领导者都想要使他们的公司和他们自己看上去令人兴奋并且精力充沛，所以他们将会强调那些正面的信息，并展现很多战略层面的东西。管理层的陈述经常能揭示出问题所在，尽管这些陈述通常会被处理成很像是精心设计出的战略。一家保险公司可能会说："市场上的竞争现在异常的激烈，我们已经缩减了市场份额以减少风险，直到市场稳定下来。"他的真实意思是："我们的成本太高，我们无法将它降低到使我们富有竞争力的水平。我们的营销和广告没有奏效，我们产品组合的市场份额正在下降，并且随着组合份额的减少，我们正在失去最好的业务并仅能保持最低限度的反应。"
- 人员变动。哪些人在公司里得到了提升或调到了新的职位？哪些人从公司外部被招聘进来？为什么要招聘他？高层或某一部门的大规模变动或辞职可以暗示出公司局部或大范围内的问题。例如，招聘专业人员通常意味着公司在该专业领域内的问题，或者揭示出扩张的计划；人寿保险公司突然招聘健康保险专家意味着它们将进军健康保险市场。
- 行业杂志上的文章可以使我们了解其他领域，比如说，竞争者修建了新的大厦或者掌握了新的技术。

要 点

- 竞争者的组织如何运作?
- 它如何处理需求和分销中发生的变化?
- 关注事件、计划、人员变动以及公司的抱负。
- 将公司自己的评论以及它的绩效进行比较。
- 行业杂志可能会揭示出重要的领域。

管理者和普通职员

雇员是金融服务公司的重要资产,雇员是公司与顾客接触的界面。所以,欧洲许多公司对雇员的要求都非常苛刻。值得注意的是,在专业领域内绩效最好的那些公司通常在工作时间、培训、报酬和工作条件方面也都具有最好的记录。

在竞争者分析中,竞争者职员方面的信息非常有用。首先是一些硬性信息。有多少员工?在什么地方?全职和兼职人员各有多少?管理人员有多少?职员的职责是什么?接下来是一些软性的话题。公司倾向于雇佣和保留哪些类型的雇员?他们是经过本公司充分培训的还是从其他地方招聘进来的?公司如何激励职员?它们在雇员关系、冗余人员处理、解聘、招聘和职位轮换等方面通常是怎样做的?它们对新职员的要求是什么?它们如何激励现有职员满足这些条件?

下面再看看高层管理人员。他们都是那些兢兢业业的老员工吗?他们是从别的地方招聘来的吗?如果是这样,他们是从哪里来的?为什么他们会选择这里?这些人的年龄分布是怎样的?辞职和解雇的情况又如何?(当然,现在很少有经理会被解雇;他们"继续追求个人利益最大化去了”或者“希望有更多的时间陪家人了”。)

它们在为某一专业领域登广告招聘新人吗？高层人员进入或离开某一领域的周转速度快吗？管理人员的重组频繁吗？来自于外部的人员是保持了原有的特点还是公司文化抑制了个人的风格？

在这些问题里，一个关键的问题就是，公司整体或某一部门高层管理人员的变动情况。多年来由于银行家和保险商角色的转变，因此保险公司和银行在广告和营销方面说了不少的空话。其宣传的结果自然是搞得一团糟，毫无可圈可点之处。所以到了最后，大多数公司都决定大量招进营销专家。这经常导致个人风格以及对工作理解方面的冲突。银行和保险业很久以来都是产品导向的行业，公司设计出产品和服务，然后试图将它们卖给顾客。即使是现在，很多公司仍旧仅仅是让顾客参与到产品或服务运作的不重要的方面中来，比如说产品宣传资料的设计；就好像一个小汽车经销商仅仅允许顾客选择颜色而不是对款式产生什么真正的影响。失望的营销专家经常会选择离开，因为他们无法改变公司的文化。

尽管一定数量的管理人员变动不可避免，但是如果关键领域中的外部专家频繁离开，或者发生了高层管理人员的“叛逃”，那么这些通常就是出问题的信号了。这些问题很少有人能在竞争者分析中涉及到，但它可能会很重要，特别是当它意味着竞争者对兼并收购计划很敏感的时候。

另一个能揭示出问题的领域就是母子公司之间的关系。一些母公司对子公司的经营采取完全放手的态度，不予干涉。但是这种母子公司关系中的任何变化都可能暗示出潜在的问题。母公司发生的变化也一样重要。如果母公司在某些领域遇到了问题，它可能会改变对一家金融服务子公司的态度。当母公司在本地遇到问题的时候，那些在海外的子公司就很可能会被关闭了。母公司可能不再愿意继续投资于子公司，因此那些原本经营很好的子公司可能会因为这个原因而被收购甚至被关闭。

要 点

- 关注职员的数量、工作地点和职责。
- 考虑扩张和收缩。
- 分析加入者和离开者。
- 管理者是公司内部培养的还是从外部招聘进来的？
- 管理者在招聘什么样的专家？
- 母公司拥有多少控制权？

分销渠道

在过去，公司通过分支机构和现场工作人员直接向公众销售，或者通过中介机构销售。但是技术改变了这一切，现在通过电话、传真和网络销售已经是司空见惯的事情了。

在竞争者分析中需要注意的是，公司总算开始意识到，新的分销渠道需要相应的产品与之相匹配。所以产品正在不断地被开发或改进以适应不同的分销方法。这一点在产品和服务的比较中需要仔细地加以关注。

公司使用的分销方法以及它对每一种方法赋予的重要性是一个有待研究的关键问题。随着电话销售的兴起，以及零售商和其他组织加入与银行和保险公司共同组成的合资企业，情况正在变得日益复杂。

为了进行竞争者分析，需要追踪的关键领域有：哪种产品和服务正在通过哪条渠道进行销售，该条渠道覆盖了多大比例的销售额和需求咨询数量，它们正在如何发展。例如，网络现在可能只覆盖了一小部分的销售额，但是在十年内，它将成为一个主要的分销渠道。及时地在某一时点进行静态的数字比较能够提供有用的信息，但是关注哪条分销渠道正在发展之中，特别是哪条渠道会在较长的时间内成功更为有用。一些现在很不重要的东西在几年内可能会变得十分关键。

另一个需要考虑的问题是竞争者所使用的哪些分销方法被其他人忽略了？为什么会被忽略？新渠道没有被使用是因为无知和害怕吗？一些渠道是为了集中精力于其他渠道而故意被忽略的吗？选择有限渠道的方法起作用了吗？

金融服务业公司主要的分销渠道有：

- 分支机构。
- 总公司、分支机构以及分理处的直接销售人员。
- 电话销售。
- 互联网。
- 电脑和电视网络，包括卫星通信和可触屏。
- 专业的或一般的中介机构。
- 代理商。
- 与零售商、银行、小汽车制造商、航空公司、报社等开办的合伙企业。

要　点

- 竞争者使用了什么样的分销方法？
- 这些分销方法对于顾客和产品来说，是否是普适的？
- 什么样的方法正在被使用或被试验？
- 公司忽略了哪些渠道，为什么会忽略？
- 对特定的竞争者来说，哪条渠道最有效？

技 术

技术在所有的经营活动中发挥了越来越重要的作用，并为所有的公司提供了相似的问题和机会。这里有三个关键的问题：竞争者拥有什么样的系统？它们如何使用这些系统？它们对新技术的投资规模有多大？

查明竞争者拥有什么样的系统并不容易。因为大多数公司都建立了自己专门的系统，或者拥有一系列联系在一起的系统。仅仅找出竞争者是否在使用英国电信或 AT&T 没有太大用处，确定竞争者的系统如何在内部运作也不是太有用。真正有意思的部分是：竞争者如何使用这一技术来销售或促销一种产品或服务。比如说，某种高级电话处理系统可以通过在消费者说话之前确认消费者的身份，并将顾客的信息显示在操作者的屏幕上来改善服务吗？或者可以用于对外的电话销售和业务通话？竞争者利用互联网来宣传新产品信息，为某一部门做广告吗？或者该技术被用于使顾客获得报价信息吗？或者它实际上被用于处理从业务咨询到交易完成的整个过程？

监控竞争者在新技术领域中的行动，如可触屏技术、全自动分支机构、大型购物商场或超级市场中的迷你分支机构、通过电脑或电视的家庭购物，也至关重要。金融服务业对技术的投资额通常很大。对技术进行升级的成本在母公司决定是否要继续维持某一家子公司的时候可能会成为一个决定性的因素。对于较小的公司，特别是那些由非金融服务机构控股的公司，对富有竞争力的技术进行投资的成本每年都在上升。所以一家利润很低的子公司可能会突然发现，母公司认为投资成本不再与承担的风险相匹配。这种情况近年来甚至发生在那些创新程度很高的公司身上，这些公司在它们各自的专业化市场中曾经深受赞誉。

要　点

- 集中关注技术如何被用于改善服务。
- 竞争者使用了像互联网这样最先进的技术吗?
- 考虑哪些新的领域正在被引进或处于试验中?
- 竞争者将资金投向了何处?
- 它在某一专业领域内能够负担得起引进新技术的成本吗?

媒体形象

许多金融服务公司在媒体形象方面都存在问题,该行业在 20 世纪 90 年代在媒体上表现得很沉闷。许多银行和保险公司一直以来都习惯于带着不信任的眼光去看待媒体,仅仅传递那些经过修饰的新闻和利润数字。许多公司的公关部门似乎都专注于防止有价值的或事关重大的信息被透露给媒体和公众,并且所有职员对公司的评论都受到了严格的控制。有一些公司采取了相对而言较为积极和主动的方法,但是即使是它们也无法摆脱通过发布好的消息来掩盖坏的结果或负面的新闻,以此控制媒体对它们的影响。

许多公司都小心翼翼地收集媒体中一切和它们有关的消息,无论是直接收集还是通过剪报服务机构。还有公司更进一步,去收集有关竞争者的每一条信息。但是,通过报道的次数或其他权重因素来衡量媒体的反应是不确切的,这是一件很费时间的事,并且产生不了多少价值。

最近一段时间以来,媒体分析机构已经开发出了更加有效的媒体报道分析方法。这些方法将负面报道与正面报道相比较,并将它们与关键竞争者以及行业领导者的评价指标相比较,其目的主要是看媒体形象是否得到了改善。尽管存在着这样和那样的缺陷,但这仍是迄今为止开发出来的最好的方法。

通过使用这套系统来评估竞争者的媒体形象,你可以找出哪些公司在与媒体打交道方面很主动(通常不是那些最大的公司),以及哪些公司媒体形象最差。关键是要找出为什么领先的竞争者得到了很好的新闻报道,而另一家看起来类似的公司却被媒体忽略了或被更多地从负面加以报道。当然,你也应比较一下你自己公司的媒体表现。这些信息可以被用于改变或改善自己公司的媒体关系。

除了平面媒体,还存在着很多电台和电视台等媒体渠道。你和你竞争者的形象将会在广告、新闻报道以及专题片中被传播出去。有些机构专门搜寻、记录有关你的公司或你的关键竞争者的每一次报道。这种服务很昂贵,并且它对获得竞争者情报的作用目前人们还无法确定。一个更好的方法就是让雇员去记录他们看见的或听见的每一条相关信息,至少作一个简短的记录。如果遗漏掉了一些重要的东西,那么上述专门的记录机构或广播公司经常能帮得上忙;而且至关重要的竞争者信息很少会只出现在一个地方,花太多时间和精力去追踪电台和电视报道是不值得的。

一些竞争者很善于操纵媒体。例如,一个领先的保险公司,每当快要宣布一个低于通常水平的绩效结果时,都会通过同时宣布开拓新的市场或开展新的服务来转移注意力。而如果绩效很好,那么这些产品或服务的信息将被推迟到需要的时候再发布。一些公司很善于利用季节性的市场平淡期来宣布好的消息,而将坏消息隐藏在政治或其他国际危机时刻中。将公司的媒体形象与它真实的市场地位或顾客感知进行比较,你会大受启发。

要　点

- 谨慎地使用信息剪报服务。
- 关注那些同时分析正面和负面消息的服务,而不仅仅是正面的信息。
- 不要忘记电台和电视台。
- 形象距离现实有多远?

顾客研究

无论公司是直接同顾客打交道还是通过中介机构,顾客研究现在都当之无愧地成为了多数金融服务公司所使用的营销信息的一部分。顾客也越来越多地被询问有关竞争者的信息。如今,市场研究调查通过对本公司在内的几家公司进行比较来衡量服务水平已经相当普遍了,而仅仅通过调查其他公司来获得类似信息的方法则很少使用了。

竞争者分析小组通常倾向于从营销或市场研究部门编写的研究报告中得到信息,这意味着他们得到的信息是二手或三手的。有时候这样的信息有用,但更多的时候很具有误导性。这些调查结果的问题在于,你也许能够很小心地保证你的产品选择了一个很好的跨部门的顾客类型,但对竞争者的顾客却没有这么做。因此,对1 000个顾客的调查可能会得到很多有关你公司的信息,但是由于竞争者的信息是随机的,有关竞争者的结论就不可靠了。不幸的是,许多公司都使用从这样的调查中得到的信息来将自己与竞争者进行比较,而没有意识到这一内在的缺陷。

为了进行准确的竞争者分析,需要格外关注的是:我们需要得到一个具有代表性的被调查者样本,要保证这些被调查者是从竞争者那里购买产品和服务的。这种样本才能提供足够准确的信息。

这些调查如果合理设计、准确操作还是能够提供不少信息的。尽管有不少机构愿意为金融服务公司做研究,但只有一小部分能真正理解这一业务,建立起一个在竞争者分析中十分有用的调查框架。但由于受到成本的限制,能够对结果进行深入分析的机构越来越少了。为什么顾客愿意转向、放弃或继续购买一家公司的产品呢?通常继续购买的行为同该公司的产品优于或劣于其他公司的产品无关。事实上,在金融服务购买方面,顾客的心理、忠诚度以及被动性尚未得到很好的解释。

很多调查对于竞争者分析来说价值都有限,但是,它们可以帮助填补有关竞争者提供什么样的产品的信息空白,并有助于改进对顾客与公司之间关系的理解。

要　点

- 利用市场研究来了解顾客的想法以及竞争者的信息。
- 警惕小样本和统计误差。
- 使用专业机构。
- 利用信息来确定需要考虑的领域。

赢家和输家

在欧洲和北美的大多数国家中,银行和保险公司数量过多已经成为了一个共识。在未来的20年中,市场肯定要出现一场大震荡,尽管仍然会有新进入者。对于一些公司来说,扩张可以通过内部增长或进入新的产品和服务领域来完成;而对于另一些公司,除了收购竞争者，别无他法。

这些因素会影响到你监控对象的选择和自己的行为，当然这里还有其他需要考虑的相关因素。尽管一家已成颓势的专业化公司对你来说可能毫无意义，但它对竞争者来说可能意义重大。比如说，一家综合性保险公司，想要进入一个诸如宠物保险这样的专业化领域，那么在该领域的竞争可能就主要来源于专业化的公司。如果收购了该领域内最出色的专业化公司，那么将可以从消费者数据库的相互交换以及其他营销和广告的优势中获益。如果与你实力相当的某个竞争者收购了那家公司，那么它将具有这些优势，而你再想进入这个领域就变得更加困难了。

在金融服务中，竞争者分析的一个关键内容就是分析竞争者的财务状况。那些作为市场创新者，拥有很好的产品和服务的公司经常会从金融服务的舞台上消失。一些是因为损失而破产，但更经常的是它们仅仅因为现金流不畅而停止了业务活动或被迫寻找一个买家。在保险和银行业，一个关键的因素就是顾客的信心，任何信心的丧失都会滚雪球般地演变成大灾难。阅读年报和财务报表是一项技术性很强的工作。每一个公司都试图在差劲的结果面前强颜欢笑，但即使是最谨慎捏造的数据，人们也能从中发掘不少信息。

从财务角度进行的战略性竞争者分析可以提供很多信息，其中一种方法就是假设分析，如果出现下面的情况那么会发生什么事情：

- 母公司拒绝提供更多的运营资本。
- 母公司陷入财务困难。
- 银行打算取消透支便利服务，或者要求立刻偿还贷款。
- 一个关键的支持者或所有者打算出售公司或突然去世。
- 市场随着现金流入的减少和流出的增加而发生变动。

我们应将公司看作一个气球，瞄准它的什么部位能足够锋利使其爆炸？进行这项分析的目的就是利用财务数据来评价关键的威胁和机会。

所有领先的跨国经纪公司,即使是那些否定这项分析方法的公司,也都会有某种形式的财务诊断委员会来密切注意那些保险公司和再保险公司。特别是在伦敦的市场中,有好多次经纪公司在对保险公司进行了分析之后准确地预测到它将陷入困境。如果经纪公司在关注某一家保险公司,那么它在行动时必须极其谨慎。牢记:一个小小的负面谣言将会改变均衡的态势,并将使保险公司或再保险公司倒闭关张。同样的考虑也适用于银行,即使是一点点小问题,也会导致破产。

处理有关竞争者的这类敏感信息要非常谨慎。要考虑这一信息在公司内部的传播范围,特别是当它们附有评论的时候。仅仅要求雇员将它们当作敏感性信息来对待是不够的,模糊不清的竞争者信息都会成为谣传。事实上,这类信息应当有两个版本。不加评论的信息可以流传的很广泛,但是对于评论则应该尽可能控制它的传播。即使是那些仅限于内部计算机网络的评论,也会被视为具有诽谤性,因为它们可以被看作是对外发布的信息。

在敏感性信息的传播受到很大限制的地方,人们还应该注意措辞。一个对一家极力掩饰财务报表的公司进行评价的分析家可能很想这么报告"这家公司正处于严重的困境之中,它正在遭受损失。母公司没有注入足够的资本,它支撑不过今年"。但是更加"外交"的辞令是"财务报表对于任何一个深谙其中奥妙的人来说都是很有趣的。海外的母公司对金融服务不再有兴趣,并且可能发现了其他有利的投资机会"。

在这种敏感性分析中,你可以使用"如果……那么……"这样的假设分析问题:

- 如果利率上升,那么影响是什么?
- 如果负债成本上升,那么将会发生什么?
- 如果保险费上升或下降,那么将会发生什么?

- 如果一家领先的公司打算进入某一细分市场，那么将会发生什么？

还有另外一种考虑问题的方法，那就是倒过来想，确定什么因素将会从负面或从正面影响竞争者。有时候，考虑那些能影响你公司业绩的事件，并分析这些事件对竞争者的影响也很有用。正如你必须考虑那些能减少重大外部事件影响的方法一样，竞争者也必须考虑它们的选择。这些“如果……那么……”的假设分析可以显示出竞争者的优势和劣势。

此外，在分析时不要只关注个体公司，研究细分市场经常也很有启发作用。它能够提供有关那些细分市场中领导者的信息。如果你进行 5 年或 10 年的预测，它还可以显示出哪些公司可能是赢家，哪些可能是输家。关注细分市场而不是某一家公司还可以使你更为清晰地认识到出现问题的领域或存在机会的领域。例如，有时经过分析之后我们会发现，我们不仅不应收购某一细分市场中的一个竞争者，还应当将这一业务部门（竞争力最差的业务，即非核心业务）出售掉，并且在那些存在着未来盈利机会的领域中进行收购。这种市场分析可以为公司确定利益之所在，而这在只对公司所有活动进行综合考察的时候很可能被忽略掉。

要　点

- 哪些竞争者很容易被收购或兼并？
- 谁有可能是侵入者？
- 从长期角度考虑问题。
- 密切关注竞争者的财务状况。
- 在传播敏感性信息的时候要格外小心。
- 使用“如果……那么……”这样的假设分析方式。

竞争者还是同盟

扩张的方法之一是收购或兼并一个竞争者，而一个更新的方法是建立一种更加松散的合作关系。其中，每一方都从另一方的优势中获益，这样间接费用就可以得到削减，而在诸如IT发展、研发和营销等领域中则实现了经验共享。记住了这一点，那些第一眼可能被当作是竞争者的公司就可以被看作是可能的同盟者。同样，那些因为集中于一个与你不同的领域，而可能没有被看作是直接竞争者的专业化公司也可能成为同盟。这两个因素会影响到你在竞争者分析中监控谁，搜索什么样的信息，以及如何在内部传播这些信息。

可能有两家公司，提供的产品并不相互竞争，它们会联合起来为某一特定的项目获取有关市场和竞争者的信息。有时候，一家公司对一个地区或金融服务领域没有什么特别的兴趣，但却有方法能帮助另外一家公司找到信息。还有两家公司可能同时都在考虑在某一地区开始进行电话销售，而在市场研究、法律法规问题、技术困难以及当地竞争者的反应方面进行的合作将使双方受益。

这样的联盟者不只限于金融服务领域。近些年来，航空公司、超市、汽车制造商、新闻媒体、邮政、报刊经销人、公用事业公司及其他机构都进入了金融领域，除了一两个特例之外，大多数走的路线都是以自己的字号为业务活动打出品牌，但却使用一家专业银行、保险公司或经纪公司的服务。它们进入市场的逻辑就在于品牌的力量以及忠于此品牌的潜在顾客的数量。还要注意的是，现在信息技术越来越关键，所有公司寻求的不仅是拥有一个顾客数据库，而是拥有一个智能的数据库，它能够为相关产品和服务确定可能的目标顾客群。

英国在这些关系营销活动中是一个领导者，这种市场拓展方式已经在其他欧洲国家中蓬勃发展起来了。如果这些概念在某一领域中起了作用,那么公司在其他领域或地区中也可能寻找潜在的同盟扩大自己的市场影响。现在能够运用同盟这种方法的业务领域越来越多了。

需要说明的是,如果你关注这样的营销方法,竞争者也会关注。因此,追踪竞争者在此方向上的活动也十分重要。一种观点认为,一旦公司选择了合伙人,它将不再会改变。这种观点有些偏颇。现实中存在着长期妥协、甚至是多年合作后又发生变化的例子。因此,密切关注可能变化的竞争者的合作伙伴,或者很容易受到关键竞争者干扰的合作伙伴就很重要。

这种合作活动带来了一种新型的竞争者分析。例如,A 银行成为了 Big Buy 超市中意的品牌服务提供者。A 银行现在不仅直接与其他银行展开竞争,还间接通过它的合作伙伴展开竞争。这样 A 银行的发展前景部分就取决于 Big Buy 超市的经营状况。这使得银行和超市的竞争者分析小组像它们的营销和运营部门的同事那样精诚合作变得至关重要。这是一个十分重要,但在合作安排中又经常被忽略掉的领域。

正如没有哪个广告代理商会为同一领域中的多个关键顾客提供服务一样,银行或保险公司经常发现,如果它同一个合伙人合作,那么这名合伙人将被自动排除出与银行或保险公司的竞争者的合作。这为竞争者分析提供了另一个角度:确定在长期使你收益最大并且使竞争者损失最大的合作伙伴。

在金融服务领域中,很少有人考虑合作伙伴对你是否形成长期威胁。领先的跨国公司过去常常从保险公司购买保险业务,现如今,许多公司都建立了自己的风险分散机制,或者自己经营某些保险业务。从供应商或合作伙伴那里得到业务的保险公司已经不得不开始考虑它们的合作伙伴自己是否能做得更好了。一旦零售商、航空公司和电力公司已经位于学习曲线上的第一个 10 年或第二个

10年，如何才能阻止它们抛弃合作伙伴自己做所有的银行和保险业务？

要　点

- 竞争者可以是同盟，也可以是对手。
- 识别外部的合作机会和威胁。
- 注意竞争者与合作伙伴的关系。
- 合作关系可以使竞争者更为强大，但是也可能相反，竞争者从这种关系中受损。

合作伙伴分析

SWOT分析的原理和缺陷已经在第8章中解释过了。这一方法可以用于分析潜在的合作伙伴和同盟者的市场地位，其目的是研究潜在合作伙伴的优势和劣势如何与你自己的公司以及竞争者相配合。这可以揭示出一些有趣的问题。

例如，一个地区拥有6家大型连锁超市和10家领先的银行。6家超市中有5家已经进行了合作品牌交易，每家都同一个不同的银行合作。第6家超市有5家银行可供选择，其中包括你的银行。传统的销售和营销分析将关注你有多好，你能提供什么好处等等。SWOT分析通过将你与潜在的合作者进行比较，能提供另外一个方面的考虑。比如，分析团队会将你的顾客数据与超市以及竞争者的顾客数据进行比较。也许你可能能够证明，四个竞争者中的两个都专注于职业人士和白领阶层，这对于顾客群体主要是体力工人的超市来说没有多大用处。类似地，分析可能表明另一个竞争者的定价策略或服务记录很糟糕。在 SWOT 分析方法下，你可以使你与竞争者相比更加有利，并以准确的研究和分析来支持你自己的结论。这是竞争者分析用于主动获取业务的一个例子。

要　点

- 使用 SWOT 分析来评估合作关系。
- 关注竞争者为合伙人提供的市场潜力以及它们定位间的差异。
- 通过将你的公司与潜在的合作伙伴放在一起比较，你会发现可能的协同优势或冲突。

第 11 章

外部信息供应商

正如组织中的任何部门一样，外部供应商也可以取代公司职员而用于进行竞争者分析。在业界，有很多公司和个人都提供这种服务，但是公司不能也不愿去做的一件事就是将整个过程都由外部运作。

这里，存在着三个将竞争者分析这一工作保留在公司内部的原因。其一是竞争者分析是一个不断前进的过程，其中，人员的连续性和对公司内部情况的全面了解是十分必需的。第二，由外部供应商来提供全面的服务不值得，因为它们只能通过降低服务质量和标准来实现。第三个原因是收集分析很多各不相同、互不联系的信息是一种战略性的角色，如果将这些信息传递给一个外部机构，公司职员会感到很不自在。

当然，公司可以与专业化的供应商建立长期的关系，这样，它们就能够更好地理解你公司的特定需求，从而可以根据你的特定需要来提供适合的服务。

尽管很多类型的公司声称它们可以提供竞争者分析所需的某些方面的信息，但实际情况往往是：信息太肤浅以至没有什么真正的用处。当然，另一方面，一些供应商也会提供有关某些细分市场的专业化信息，而要得到这些信息，你自己的公司和其他供应商可能要花费几个月甚至几年的时间。

市场研究机构

有上千家公司在进行市场研究，其范围从在家工作的个人到跨国公司，林林总总不一而足。金融市场研究是一个专业化的领域，真正对市场十分了解的个人和公司并不多。市场研究公司通常很善于处理数字，所以它们越来越多地关注购买决策人的心理。因此，大多数公司都乐意去研究消费者，而很少有公司愿意去研究公司，其中，更只有屈指可数的公司愿意去研究金融服务公司。

市场研究公司如果遵守行业行为准则的话，应该披露该公司服务对象，这意味着你不能雇用这家市场研究公司匿名收集信息。因此，利用市场研究公司来进行竞争者研究不是一个好主意。但市场研究公司在收集标杆管理的相关信息，以及对消费者为什么喜欢 A 公司而不是 B 公司进行小范围的有深度的研究时会很有用处。

市场研究机构还可以用于收集有关竞争者的产品和服务的信息。如果调查对象集中在一个专业化领域内，市场研究机构也许可以很好地胜任这一工作，但即使是这样，你也仅仅是在有效地使用一个昂贵的专业化研究团队去完成一项简单的工作。事实上，这项工作完全可以由你自己的公司或者其他地方技能稍差、但更廉价的职员来完成。

只有事先对它们做出合理、简要的指点，市场研究公司才能够提供有用的关于竞争者分析的信息。

要 点

- 很少有机构了解金融服务。
- 在研究项目中简要说明对竞争者信息的需求。
- 可以雇用市场研究公司收集一些产品信息，但成本很高。

管理顾问

除了进行研究工作，管理顾问还可以提供咨询。有些专业的管理咨询公司能够提供有关竞争者的实用信息。但是，大多数知名的管理咨询机构都会同许多顾客合作，它们经常把某一个领域的研究成果卖给几家类似的公司。对客户保密是这些公司对顾客的基本承诺，因此它们不可能告诉你竞争者的秘密。

一般来说，金融服务公司很少单独使用管理咨询公司来进行竞争者分析，除非这是一个很大项目中的一部分，如是否进入一个新的细分市场等。因此，这种服务也很昂贵。

要 点

- 为了信息方面的需求而使用管理顾问相当昂贵。
- 除非是在一个很大的项目中，否则很少使用。

报告提供者

有一些调研公司，提供关于公司、市场、国家某种发展状况的报告，报告中可能会提供有关金融服务各个方面的信息。

在这一领域中所进行的工作，质量可能有天壤之别。一个好的报告提供者将会使用很多的公开信息作为原始资料，并总是力求以来自于公司的直接信息作为支撑。公司在购买这类服务时，应当寻找那些雇佣了具有金融服务业从业经验的作者的公司，这些作者不太可能陷入本书 9.8 节提到的那几类陷阱。通常来说，这类报告对那些行业以外的人来说看起来都很好，但是对于行业内的人来说却太过平淡、太过一般了。另一方面，公司出具的报告中也的确有一些关于某些细分市场的报告，它们是公司在搜集竞争对手的信息时极其有用的来源。

知道这些以后，就不要过度地依赖于某一个专家提供的报告了，而是应当和其他信息结合使用，这样你就可以分辨出错误的报告或是基于差劲的顾客研究所作出的报告了。

提供上市公司最新数据信息的一个很好的来源就是股票经纪人的报告。由于股票经纪人经常和公司接触，他们确实能获得其他报告人可能会遗漏的信息。但是人们常常忽略的一点是，股票经纪人的报告有自己的目的。正如一个股票经纪人曾坦率地承认“我们的职责不是提供无偏的信息，而是说服公司去购买或出售我们承销的公司股份。毕竟，这是我们的工作”。

要 点

- 现成的报告能提供很有用的背景信息。
- 专家报告能提供细节信息。
- 公司应当对照其他渠道的资讯去验证信息。
- 报告的质量差异很大。
- 股票经纪人的报告能够提供有用的信息。

学术界

英国的情况和中国也许不一样,在英国,一直到最近几年,学术界都忽略了金融服务业。现在有一些学院和学者开始专门进行这方面的研究了,其中大多数都倾向于偏向数学,如风险模型和保险精算研究,其他人则对消费者行为很感兴趣。但是,很少有人去关注公司,即使那些对公司进行研究的人也只是对公司如何处理与顾客和雇员的关系感兴趣,而对它们与竞争者的对比情况不感冒。

无疑,学术界将会进入其他领域,包括竞争者分析。学术机构现在不得不从外部寻求资金以补充办公资源,因此,学术界会经常试图向公司出售分析报告的服务。学术界提供的报告对把握消费者行为的心理或其他金融服务行业尚未完全了解的领域来说很有帮助,但是对于竞争者详细的分析,就显得太脱离企业的经济现实,无法提供多少有效的东西。

但是学术却能告诉我们一条重要的信息:它们认为没有任何事情可以想当然,可以被看作是绝对的、一成不变的。这一点很值得一提。人们很容易相信自己知道的情况是绝对正确的,比如说前三名小汽车保险商是 A、B、C。这在某一段时间内可能是正确的。但发生变化后很久，人们可能仍然认为当初的看法是正确的。

对那些不熟悉统计的人这里还要提醒：如果 999 个人都说一个物体是黑的，一个人说是灰色的，通常我们假定它就是黑的；但是事实上它可能就是灰色的。如果有 10 家公司在家庭保险方面经营得很好，并且都位于国家的北部，我们很容易就认为它们之间的经营模式是相互模仿的。一家公司想要在一个很专业化的市场中重新评估它所有的竞争者。过去几年的行业报告评论已经形成了这样一条公认的假设：多数的领先公司都是一个商会中的成员，并且该商会的成员控制住了大部分的市场。但是经过更加周密的调查，公司却发现，在前 10 名的公司中，多于一半的公司不是该商会的成员，而那些非商会成员公司加在一起控制了比商会成员还要多的市场份额。这说明将广为接受的“看法”当作事实有多么的愚蠢。

另一个例子就是两个学者，他们花了好几年的时间去研究一个顾客模型，该模型可用于解释为什么人们会去选择某些保险公司，而不选择另外一些。当他们试图将该模型卖给保险公司的时候，却很惊讶地发现没有考虑到一个很重要的事实：人们不仅可以直接从保险公司那里购买服务，还可以通过经纪人进行交易。这就使得这个模型和结果变得毫无意义了。说学术界对竞争者分析没有作用似乎苛刻了点，但除了帮助建立复杂的计算机模型外，学术界在其他方面还有很长的路要走。

要　点

- 学术界能提供有用的模型和有创造性的思想。
- 它们很难真正提供有实际意义的帮助。

政府及其他官方机构

政府及其他官方组织，如贸易机构，无论是用来规范金融服务业的，还是用来促进其成员交流的，都能够提供很丰富的信息。它们是一些详细信息，如公司数据或某一地区业务数据的很好来源。对金融服务公司来说，特别感兴趣的一个部分就是理赔和保费数字、人员配备以及分销渠道。而在某些保险和银行领域，公司需要向主管部门报告财务状况，这些数据通常来说也十分有意义。来自于官方渠道的信息可以为竞争者分析提供很多帮助。

但是在某些特定行业部门，信息则会比较匮乏。另一个缺点是官方数据时间的滞后，数据可能会延迟长达两年。

贸易机构通常不愿意过多透露关于其成员的细节，但是它们有时候也很有帮助，特别是在考察不熟悉的部门和地区时，能为你指点迷津，告诉你可以在哪里找到所需的信息以及研究结果。

一些贸易机构拥有自己的图书馆，其中包含了相关的书籍、报告、贸易杂志和大量的公司信息。尽管有些文件可以借出，或者部分可以复印，但如果想要查阅大量的资料，还是需要亲自去图书馆。一些图书馆已经将它们的馆藏文献放进了数据库，这使得查找更加容易。但是如果包含公司重要信息的文件没有在标题中注明关键词，那么这些数据库就经常会在无意之中误导了你。

随着信息技术的发展，贸易机构的信息也可以在网上查阅，这省去了人们跑图书馆的时间，但是搜索、下载和分析信息的时间成本还是不应低估。如果你确切地知道要寻找什么，那么这些在线工具会十分有用。

要　点

- 官方数字对于获得特定公司以及市场数据来说很有价值。
- 它们可能会有些过时。
- 相对细节而言，它们对概括描述更为有用。
- 贸易机构通常为它们的成员而非竞争者提供信息。
- 在线信息正在增加。

系统和模型的提供者

现在有许多公司在出售金融服务业使用的软件及硬件服务，其中有一小部分提供了在竞争者分析中所使用的模型。这些模型中，有一些几乎只适合某一种产品；而大多数模型则是一种标准化的产品，它们可以加以个性化的改进以满足特定的客户需求。

模型现在的主要问题在于这种个性化的改进远远没有满足顾客的需求。另一个困难在于这些公司通常较小，只依赖于一小部分顾客维持生存。如果顾客因为兼并、收购或倒闭而消失，那么它们就会陷入麻烦。即使是好的供应商也难以为它们的客户提供长期的服务。

当考虑要不要购买这些模型的时候，需要提出的主要问题是：

- 哪些其他公司曾使用过这个模型？向公司请求得到联系名单：如果得到的答复是客户列表是保密的，那么事实上它们可能根本就没有这样一个名单，这是一个危险的信号，建议你立刻放弃这个模型供应商。
- 模型供应商经营有多长时间？
- 模型开发出来有多长时间？

- 多少顾客已经停止使用该模型了？
- 供应商拥有多少服务工程师及支持性人员？
- 如果供应商明天破产了，模型及其支持性服务将会怎样？

要 点

- 有一些公司提供用于竞争者分析的模型。
- 它们并不是很擅长提供这样的服务。
- 它们的“预期寿命”并不总是很长。
- 购买前应对它们做彻底的审查。
- 通过其他顾客进行审查。

安全服务公司

企业很久以前就开始雇用安全服务公司来保护营业场所并审查员工。目前，对安全服务公司的使用已经扩展到竞争者分析中去了。有私人侦探或安全服务顾问在收购和兼并之前被牵涉进去，尽管很少有公司愿意承认这一点。

几年前，一位企业家企图收购一家金融服务公司。企业家收购的目的是拆分这家公司，并将拆出的银行和保险公司出售。这家公司雇用了一家安全服务公司，该安全服务公司的两名高级职员一直以来都在向那个企业家泄漏公司的信息。公司立即将这条消息公布于众，于是企业家收购计划破产了。

使用安全服务公司存在一个问题，即使是最富有经验和最可靠的公司，也需要依靠雇员开展业务，因此，雇员的表现决定了公司的表现。在有些国家，在取得信息的过程中可能会牵涉违法行为。而真正麻烦的问题是，在合法的市场调查和盗窃商业秘密之间的界限极其容易被跨越。隐私和商业秘密的界定在各个国家之间差异很大。

因此，使用安全服务公司的危险很可能会超过收益，对它们的使用很容易产生相反的结果。公司如有可能，应当避免在竞争者分析中使用安全服务公司。

要　点

- 如果使用安全服务公司的话，应格外小心。
- 密切注意法规。

怎样选择供应商

选择供应商是很困难的。对于竞争者分析来说，主要的困难在于大多数供应商为竞争者分析所提供的服务，都只是主要业务中的一个很小的部分而已。

一个最简便的选择方法就是要求供应商提供三名满意的顾客的公司名称、联系地址和电话号码，并沿着这一信息深入探询下去。

确认涉及到的供应商公司和关键人员的资历也同样重要。检查一下做这项工作的人是公司的员工还是自雇人员（同公司签订外包合同的人）。一家公司可能在市场研究方面是专家，但是如果它没有银行或保险公司客户，那么它对你也毫无用处。你的公司和供应商特点的契合对于长期合作和取得成功十分关键。如果你仅是购买一次性的产品，那么这就不那么重要，但如果是一项适合的、连续的服务，就至关重要了。

要 点

- 使用那些具有金融服务知识的供应商。
- 寻找适合这一任务的供应商。
- 通过其他顾客交叉检查。
- 寻求建立一种长期的关系。

第 12 章

如何分配信息

在收集了大量的竞争者信息后，却没能把信息传递给需要它的人，这种错误是绝对不允许发生的。本章介绍的信息传递原则应在公司内部尽可能广泛地使用（参见第 4 章）。

通过一定的方式奖励信息的提供者也很重要。如果公司内部或外部的人提供了很有用的信息，那么最起码应有口头感谢。作为回报，他（她）们有时会继续提供关于市场地位或其他调查研究信息。这种做法鼓励了积极的反馈并对信息提供者有所补偿，因此它在市场研究中的使用越来越广泛了。

谁需要信息？ 需要什么信息？

现在已进入了电子时代，经理们往往会受到来自电脑、电话、传真和各种书面信息的轰炸。随着手机和家庭电脑、手提电脑的普及，无论你到了什么地方，几乎都可以与公司的电脑网络相连。毫无疑问经理们正在经历着信息超负荷的痛苦，而这也是导致压力过大和绩效表现欠佳的重要原因。许多经理花费了太多的时间接收、阅读、回复、传递、使用、分析信息,以至于他们本身作为管理者的职能只剩下很少一部分时间去履行了。

这就意味着竞争者分析小组必须保证信息传递方针的正确性。首先,要确保得到信息的人确实需要它。公司应当避免仅仅为了简单地保证平等,而把信息传递给所有同一级别的管理人员的行为。这很明显会浪费信息提供者和接受者的时间。人事部门的主管是不会需要竞争者在某个特殊领域营销活动的信息的。无论信息多么有趣,不需要的人阅读它所花的时间都是对公司资源的浪费。

在确保信息只传到准确人之后,接下来的第二点是信息接收者是真的需要还是仅仅是兴趣的原因?关键问题在于他是否能以某种方式使用该信息,从而帮助他或者他们小组改善工作。如果答案是否定的,那就说明接收者并不需要这条信息。

竞争者分析小组在决定信息传播的范围时往往需要首席执行官的全力支持。这可以帮助它们避免信息的不当扩散,不使不需要的人得到信息。此外,这种扩散还会浪费竞争者分析小组更多的时间:员工在得到自己职务以外的信息时,通常会要求竞争者分析小组提供更多的信息来帮助理解它的含义。

最后,还要确保正确的人得到了以正确形式传递的信息。例如,营销部门的主管可能会需要关于某一产品完整的报告和支持报告中所有数据的原始材料。而广告部门的主管只需要一份简单的报告就可以开展工作了。

我们可以把信息和水做一个类比,处理信息的诀窍和治水的诀窍类似,就在于开辟可以引导信息流动的渠道,使得它能通过正确的渠道在正确的时间到达正确的目标人物,而不会引起旱灾或者洪灾。

要　点

- 为使用者提供与其工作相匹配的信息。
- 恰当地传递信息与地位和资历无关。
- 让所有人都得到正确的信息是很困难的任务。
- 保持信息的相关性。
- 有些人需要了解详情，而有些人只要了解大概即可。

高级管理层

如何将手中的大量信息整理成条理清晰的大纲供高级管理层使用是一种艺术。许多管理类的书籍都会告诉你，高层管理人员希望你提供的只是一页纸的信息，以及对他们行动的建议。对于某些主题研究的结果来说确实如此，但对大多数竞争者分析来说这种说法就不适用了。比如在报告某个市场领域的情况及描述几个竞争者的时候，就需要一份相当详细的报告。

事实上，信息的详细程度取决于所需要的信息类型。如果是对某产品或某公司的分析报告，那么竞争者分析小组通常都应当给出完整而详细的报告。但如果是定期提供的报告，那么最合适的形式莫过于一份总体较简短，但对某些必要的领域又有详细分析的报告。

有些报告为公司提供了长期的信息，也有报告提供的是具体的行动方针。在后一种情形下，比如有某竞争者准备出售自己的公司，这时报告就必须具有时效性，而且行动方针应当足够详细。

有的学者认为所有的报告都必须提供行动建议，对于竞争者分析来说这种做法并不妥当，重点在于要时刻注意管理者的实际需要。

我们可以把信息的提供用金字塔的形状来表示，提供信息的目标是为不同管理层准确提供他们所需要的不同信息。从图 12.1 来看，首席执行官需要的通常是简短的摘要，其他主管是详细一些的分析，在他们之下的管理人员则是详尽的报告，而处于管理结构最底端的人员得到的应当是包含有全部细节的报告。

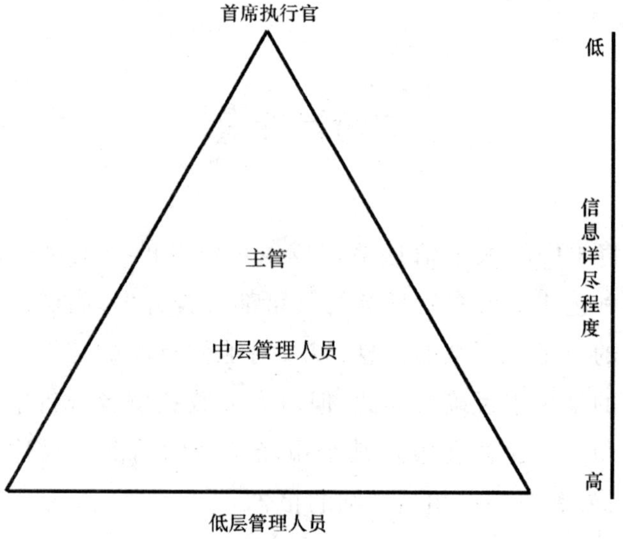

图 12.1

但是这种金字塔分析也有很大的缺陷。它的逻辑是随着管理级别的提高，需要的信息详尽程度就越低，对于某些竞争者情报的报告来说，这未免有点荒谬。信息的详尽程度更多地应当是由该信息的重要程度以及准备如何使用它来决定的，而不是信息接收方在公司的位置。所以事实上我们应该用菱形来表示这一结构（见图 12.2）。

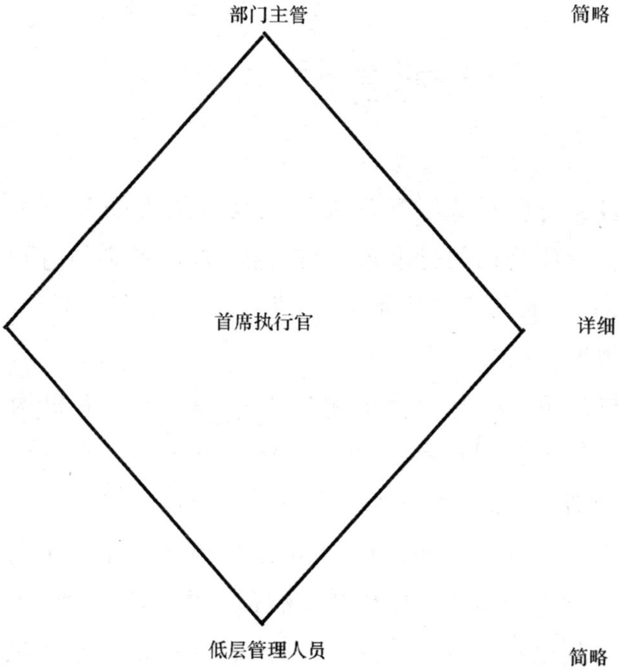

图 12.2

要　点

- 信息详尽程度由所需要的信息类型决定。
- 在提供大纲的时候必须准备好更多的细节信息。
- 在需要的时候应对行动做出建议。
- 使用金字塔式的信息传递与详细程度模型。
- 如果金字塔形不合适的话可以考虑使用菱形。

管理层之下的职员

传递多少信息到低层管理人员和其他员工处与公司性质有很大的关系。一些公司的行事哲学是:高层管理者必须时刻跟上竞争者的变化,而一般的职员则应集中精力在自己的工作上,不去理会竞争者的情况。

直接与公司客户打交道的销售人员以及与中介机构接触的业务员必须了解本公司产品的特点是什么。尤其是在推广新产品或者举办营销活动的时候,对本公司与竞争者的产品进行详细比较的图表是必不可少的。此外,销售人员还应该十分了解本公司的产品与特定竞争对手产品的比较优势,这样当顾客需要比较本公司的产品或服务与其他竞争者提供的产品或服务时,他们才能较好地解答这些疑问。

销售人员会发现,了解关于本公司产品、服务的信息,同知晓其他公司的信息同样重要。这能帮助他们更好地调整销售方式,避免浪费时间,比如某个中介机构的姊妹公司已经在提供某种产品,这时销售人员就不用再推销类似的产品了。

要　点

- 低层人员需要什么信息由公司性质和其工作性质决定。
- 销售人员应详细了解公司的产品和竞争对手公司的信息。
- 提供的信息应与营销需求相联系。

不同部门间的信息传递

竞争者信息是营销、广告和市场研究部门工作的关键部分，对其他部门，如产品开发、财务、计划和 IT 部门也有一定程度的作用。

在向不同部门传递信息的过程中，使各部门接收到的信息与其需求相适应是一个难点。只有与相关部门进行仔细的沟通才能保证提供的信息准确、可理解并且可用，除此之外，没有任何的捷径可循。某些部门要求的信息可能无法获得，比如价格的对比和详细的市场占有率，沟通可以帮助解释哪些信息可以提供、哪些无法提供以及哪些是需要巨大的额外花费才能得到的信息。经理们往往会因为这种额外的花费而重新考虑所需要的信息，并且在大多数场合下会认为它并不是那么重要。当然，在极少数情况下，他们仍然需要这些信息，因此，他们通常会提供更多的财力来资助该信息的搜集和分析。

要　点

- 分析小组必须与营销和市场研究部门紧密沟通。
- 不同部门需要的信息类型也不同。

消费者

当你打算购买一辆轿车时，你大概会花很多时间比较各种市面上可以买到的汽车。对大多数消费者来说，购买金融服务业的产品也是一样。

消费者在选择恰当的产品和公司时，需要一些基本的信息。根据消费者个人情况和要求的不同，分析小组需要提供对公司和竞争者产品之间更详细更精确的比较。这种比较自然是合理合法的，但是，比较时也需小心行事，特别是涉及到广告标准和一些组织的行为准则时更是如此。此外，公司的销售和营销人员还有一种很危险的倾向，即他们可能会只比较那些能够显示出公司产品优势的方面而故意忽略竞争者产品的优势。公司在营销活动中无论如何也要消除这种行为，避免因此而遭到权威人士和消费者团体的质问甚至投诉。要记住的是，竞争产品间的比较必须公平诚信，比较应涉及所有主要的方面而不是为了偏袒自己的公司只覆盖几个方面。

要 点

- 销售方面的竞争者信息必须真实公平。
- 为销售人员提供信息支持很重要。
- 对产品进行比较时应说明自己产品的不足。

竞争者

为竞争者提供信息看起来似乎是很古怪的行为。尽管如此，在很多金融服务业公会中都有协定，在其他公司请求下公司应向它提供已经向公众发布的产品和服务信息。这可以使公司从询问中介机构、调查消费者或者假装成消费者的沉闷耗时的工作中解脱出来，当然，也不再会有信息提供者记错了公司名称的麻烦情况。

有时公司还可以从其他渠道获得更多的竞争者信息，通常都是在辛迪加研究中和标杆管理的过程中（请参阅本书 5.6 节和 1.7 节），这些一般都是关于特定公司或者总体市场的信息。

从另一方面考虑，如果某家公司不直接提供信息，它是否会通过第三方比如记者或者研究人员提供呢？你可以从中介机构处获得信息吗？可不可以假装成潜在的消费者甚至做一名真正的消费者，从而获得资料呢？

有时两个公司会同时调查同一个市场，那么为了获得更完整的情报，双方自然而然就产生了交换信息的可能性。负责的主管可能会认为别的公司可以获得的信息自己的公司也同样可以获得，所以这种安排没有必要。但是这种看法并没有把人际关系的因素考虑在内，比如 A 会把信息告诉 B 而不是 C，而 B 则会告诉 C 而不是 A。

要　点

- 如果信息已经向公众公布，那么公司间的交换可以节省时间。
- 可以通过间接的渠道取得信息。
- 辛迪加研究提供的信息可以是关于某个特定企业的。
- 当你和竞争者在研究同一个领域时，交换信息可以节省时间。

媒　体

媒体和广告不同，媒体会把信息编辑成它们想要的样子。向媒体提供信息是一种很少见的策略，通常只有新闻和宣传部门才会使用。

如果你认为你是唯一一家能在三分钟内提供某种服务的银行，而其他的六大银行都至少要花七分钟的时间，你可能会有把它写在新闻稿最醒目的位置的冲动。但是在公司内部传播这种信息才是可以接受的方式，如果要让它见诸于媒体，那么你必须通过长篇文章来支持你关于竞争者服务速度的论断，而这会暴露你的消息来源。

以鲜明的姿态来挑战竞争者以观察它们能否在某些方面赶上你的公司通常并不是个好主意。这种挑战通常会失败，或者可能没有竞争者理睬而达不到预期效果，或者它们不但接受挑战还反过来达到了你的公司无法达到的高度。无论竞争者信息多么可靠，它都不会是完美的。因此我们强烈建议避免进行公开的、挑战式的竞争者比较。

有时候杂志和报纸会要求你提供很多信息以方便它们为读者进行相似的产品、服务的比较。一般情况下，多数公司都对一些具体细节有所保留而不会向它们提供自认为比较敏感的信息。但是，除非信息真的属于商业秘密而且不当披露会造成损失，否则大部分这种所谓的秘密都能轻易地被大家发现、推测出来。实际上，主动公开这种信息可能会很有用处，因为它会刺激竞争者也提供它们的类似的信息，从中你很可能会找到能够补全你的竞争者情报中空缺的部分。

要　点

- 提供比较信息给媒体充满了危险。
- 对媒体太过保守并没有必要。
- 如果你准备提供竞争者的信息给媒体，必须保证它100%的准确。

如何提供信息

提供信息的方法基本上有三种，分别是通过书面、网络和磁盘的形式。关于这部分可以参阅本书的 4.6 节。书面形式有很多优点，它比电脑便于携带、标记，而且通常使用也更方便。

看重科技的人往往更偏爱网络形式，它有便于访问、可以与其他相关信息联合使用的优点。第三种选择是磁盘形式，由于现在公司的网络系统几乎能把所有的员工都连结到一起，因此这只不过是一种临时方案。

最理想的方案是所有的员工附近都有一台可用网络打印机，这样信息就可以通过网络来传播而员工也可以把它打印出来。这个方案满足了所有的需求，无论员工是喜欢电子版的还是书面形式的。

有时面对面地提供信息也很重要，但是总的来说，面对面传递信息的次数应该尽量减少，因为它们会浪费很多时间。尽管电视会议没法代替现场会议的那种气氛，但它确实解决了集中各地成员方便沟通的问题。

要　点

- 把书面和网络形式结合使用。
- 并不是所有人都喜欢网络形式的信息。
- 可以考虑使用电视会议的形式。

何时提供信息

提供信息的次数和频率应由公司的类型和它所拥有的部门数量决定。如果提供信息的频率太低那就失去了时效性，如果提供竞争者比较信息的频率太高也会丧失它们的作用。关于这个话题可以参阅本书的4.5节。

紧急信息，比如某个竞争者被收购或者正在悄悄地出售公司的主要资产，显然必须尽快地传递给高层管理者。而其他新闻，如简要的商情报告，每一到两个星期发布一次即可，而作为补充每月可以提供一份更为详细的研究报告以供决策使用。

对于定期审核的频率，主要取决于研究周期和计划流程。在年度计划制定工作启动的前几周，一些信息也许最为有用。其他信息则应按季度提供且每年检查、审核一次。有些类型的信息一年一次可能间隔太长，半年一次的报告会比较好。

产品或服务的促销计划所需要的临时信息应与活动的准备情况相一致。这里可能会产生冲突，比如销售或市场部门的小组进行了数月的准备和计划，在离活动发起只剩几天时突然觉得需要某些方面的竞争者情报，这时通常会因为太晚而无法获得详细的信息。所以信息接收方和提供方之间的持续交流对于工作效率的提高非常重要。

持续交流似乎意味着竞争者分析小组应该出席一系列会议。这对信息交换很重要，但在更多情况下它们浪费太多的时间。有三条原则可以帮助我们节省时间和成本：

- 只参加非常有必要的会议。如果你是信息的提供者，可以通过书面形式完成吗？如果是信息的接收者，这次会议所占用的时间值得吗？是否可以仅参加其中的一小部分而不是完整的会议呢？

- 除非非常重要，否则尽量不要亲自出席。可能的话，尽量使用电话、传真和电视会议。
- 在满足需要的前提下，尽量少派人去参加。

此外，还应尽量保证所参加的会议准时开始并且会议内容中肯扼要。

要　点

- 一些信息的时效性极其重要。
- 在信息报告中突出重点对使用者很有益。
- 信息传递太多、频率太高往往达不到预期目标。
- 只参加至关重要的会议。
- 持续交流有助于确保信息提供的及时性。

连续研究与特定研究

应该在计划提出之后才开始进行特定研究，还是应该经常地收集信息以保证在需要的时候可以用得上呢？这是一个困难的选择。

如果所有工作都是按特定研究的方式来安排的，那么当一个紧急计划启动时，即使你很清楚哪里有需要的信息，要很快满足对信息的需求也很难。所以对主要竞争者进行持续的追踪至关重要。但是，如果所有的研究都是持续进行的，那么公司通常就会缺少足够的能力和预算实行紧急计划了，而且竞争者分析小组会发现它们只是为了收集信息而收集信息。寻找两者间的平衡点总是很难，只有混合使用它们才是唯一可行的选择。

这里,我们提出四条原则作为这个问题的解决方案。第一是以持续收集信息为核心。第二是当计划提出或开始之后再收集额外的相关资料。第三是节省时间和预算,相当于以平时节省下来的资金来资助意料之外的开支和需要。第四是外部采购:当你面对紧急工作人手不够时,可以雇用一批外部的专家。

要 点

- 以持续收集信息为核心至关重要。
- 保障特别研究的人力和资金也很重要。
- 保证有足够的力量和预算应付意料外的开支。
- 可以在紧急情况时雇用外部人员。
- 不要只为收集信息而收集信息。

在内部积极推销竞争对手分析

前面的章节说明了为什么公司需要竞争对手分析以及竞争对手分析的重要性。有时公司需要对其他人员进行说服工作才能维持竞争者分析团队的工作。跟政党一样,公司里各种成员的见解和观点都不一样,在某种程度上公司只是一个充满了派系斗争的松散联邦。而公司的报告则掩盖了这个事实,给人一种所有职员都为了某个共同目标和公司使命而努力工作的假象。要缓和内部冲突往往要依赖于公司的业绩和文化。

所以,和公司里其他部门一样,竞争者分析小组也必须为自己所需要的资源和预算而奋斗,并努力接近那些真正能在公司里做决定的人。而在某个部门或者分店接洽顾客的员工,通常只会看到竞争者分析小组如何妨碍了他们的日常工作，以及如何用尽了他们创造的利润。

和公司其他部门不同的是，没有各个分店和销售部门的协助，竞争者分析小组就无法顺利工作，它需要销售人员的情报来充实竞争者的信息，它还需要通过消费者网络来收集大量的情报，没有分店和销售人员的帮助，它很难得到关键客户的协助。

这就意味着竞争者分析小组应该积极地向公司其他有需要的部门和员工推销竞争者分析情报。这并不是一次性的行为，它需要持续的更新和补充。竞争者分析应作为新员工入门培训的一部分。在各部门正式的或者非正式的活动中，竞争者分析人员应该拥有一种劳苦功高的姿态，比如说可以向大家展示他们在某次成功的产品投放市场的行动中所作的巨大贡献。

当然，竞争者分析人员也要尽量避免显得太高傲自大，保持一点谦卑的态度还是大有裨益的。

要　点

- 针对各部门的需要在公司内推销各种层次的竞争者分析。
- 这是一个持续的过程。
- 内部资源对成功至关重要，所以要尽量争取。
- 向大家展示劳苦功高的姿态。
- 但不要显得太高傲自大。

第13章

如何使用竞争对手分析

即使公司组建了竞争对手分析团队，但如果公司不能恰当地使用竞争者分析，那么它也将毫无用处。竞争者分析有助于长期战略的制定，同时，它也有利于短期的战术制定需要。它可以在公司层次上使用，也可以服务于个人活动和下属机构。在制定计划中，它是必不可少的。在一个竞争日益激烈的市场中，竞争者分析有助于做出产品和服务工作的市场投放、改进，以及产品的终止决策。搜集信息以使公司能够对竞争者的活动做出正确反应是一个关键性的要求，它有助于在各个层次上的销售活动。此外，当对自己所提供的服务质量进行定位时竞争者分析也很有用。在接管或合并的时期它更是不可或缺。在其他领域，如培训、人力资源和合作洽谈中，它也是有用的。实际上，只有在极少数的公司活动领域里竞争者分析才没有任何作用。

战略层次

战略性问题我们已在其他地方提到过（比如1.5节），因为它们是竞争者分析的最为重要的一个部分。

想象一下，一个公司根本没有任何竞争者情报系统。市场部门掌握了一些竞争者信息，但是公司内却没有人负责以系统化的方式收集信息。而当竞争者引入新的概念开拓市场时，公司就有必要研究竞争者以及它对自己销售的潜在影响了。

这时，公司就会陷入一团糟的状态。首先，职员将无法继续进行日常工作。其次，在收集、分析竞争者信息方面也没有接受到任何培训。再次，对于如何反馈报告也毫无认识。竞争者分析的结果也许会提供一些有用的信息，但事实上这并不太可能。而且即使能够提供些许信息，它也太少太迟。面对着竞争者咄咄逼人的态势，公司可能突然变得没有竞争力或不得不关闭某个部门，对危机的反应可能意味着员工将失去工作。在今天，新技术正以一种超乎寻常的速度发展，而这也将不可避免地导致问题：产品的价格将会降低或者服务的内容会增加而不需要消费者负担额外的开支。所有这些都将影响公司的生死存亡。

这种危机是 20 世纪末金融服务业公司运营中碰到的典型情况。在吸取了足够多的教训之后，它们开始回顾竞争者已经做过的事情以及自己在竞争者发动进攻后试图做的反应。通过适当的竞争者分析，公司可以对竞争者未来的举动进行预警。即使有真正令人震惊的事件到来，竞争者分析团队也做好了准备，可以快速而准确地收集、处理相关的信息。竞争者情报可以使公司形成极富竞争力的战略，它完全可以是对公司事业所做的远期愿景，而不仅仅是简单地应对具体的事件。它关注的焦点是那些能够对将来提出预测而非仅仅对过去进行分析的指标。

找出趋势并预测未来的发展自然很好，但是公司战略必须走得更远。竞争者分析可以帮助公司将最好的可能和最差的情况放在一起以研究多种不同的未来选择。如果我们能够正确地建立这样一种体系，利用所有正确的分析技术，然后随时更新信息并进行分析，那么我们甚至就可以立即形成公司战略。在敏感时期，比如在收购谈判的过程中这一点非常重要。

公司内许多营销方面的研究活动曾经被认为仅仅是一种辅助性的功能，同样在竞争者情报上也遇到了这样的情况。而现在许多公司意识到市场营销并不是在一个已有的物体上额外钉上去的东西，而是必须成为组织思考和运作的整体中的一个有机组成部分。同样，竞争者分析也必须同公司其他方面的活动融为一个整体。

整体性并不仅仅是为了组织的平稳运行，更为重要的是它能够使公司制定恰当的策略以最大程度地开发和利用情报。竞争者分析必须时刻考虑到公司可能的战略，以便使人们的一举一动都围绕公司的战略展开，以更好地完成他们的工作。

成功的公司通常具有将战略转化为行动的能力，而好的竞争者情报系统则有助于公司行动的展开，并在所选择的领域中取得领先的地位。

要 点

- 竞争者分析小组为其他部门节省了工作时间。
- 非常关键的一点是将它与战略联系在一起。
- 找出趋势，并提出方法。
- 使用“如果……那么……”这样的假设分析。
- 将竞争者情报融入战略管理。
- 竞争者分析可以使你早对手一步而处于领先地位。

战术层次

战略是公司发展的长期目标，而战术则是达到这一目标的手段。在战略层次上了解到一家竞争者银行将与一家超市结盟以提供自有品牌的服务就足够了，然而公司要想做出战术上的反应则还需要更多的信息。竞争者分析会提供对手产品和服务的所有细节，并使你了解它们与你自己的产品和服务相比如何，以便你能够做出适当的反应。

竞争者情报有助于指引公司通往成功之路。为达到战略目标，我们必须找到一条适合公司自身发展的道路。只有当你充分理解了竞争者想做什么，打算怎么做，以及其目标与市场的符合程度，你才能设计出你自己的战术。

比如说，你是一家专门服务于高端个人客户的银行，而且你渴望能够保持现有客户并获得新客户。竞争者在主要商业大街上的分支机构可能会冲击你的客户群。如果你试图提供额外服务以应对竞争，你可能会因花费太多资金而最终倒闭。竞争者分析将会告诉你每一个竞争者所提供的银行服务达到了怎样的水平。第一眼看上去这似乎并没有什么不同，但是紧密的相关分析却会使你看到，你通过专职人员来提供预约服务，而一个竞争者却通过分支机构那些同时处理其他业务的职员来提供此项服务，因此同竞争者的员工相比，你负责处理预约服务的人员缺乏相关的专业知识。你可能还希望增加收入，并且通过进入新的专业服务领域比如保险来开创新的天地。竞争者分析揭示，仅有一个竞争者对这一类个人客户提供专业服务，那么真正的竞争就来自于专业保险商和中介机构。你必须建立起自己的服务。通过了解哪一家保险产品供应商与你的客户和公司活动最为匹配，你就可以选择收购这家公司。当然，建立一种合伙关系以使你们共享彼此的客户数据库也是合作方式之一。

因此竞争者情报提供的不仅仅是信息，而是如何同对手作战的思想方法。避免直接硬碰硬的对抗节省了你的时间和金钱，并且最终经由实施竞争者分析提出的战术可能带来更大的利益。比如，在上面谈到的情况下，你也可能发现一家竞争者在银行和保险上均提供预约服务，所以你的战术此时应是寻求拉拢其他银行的客户，而不是试图从一家提供与自己类似服务的银行中挖客户。所有这些，都可以归结为一个简单的原则：对你的竞争者、潜在的竞争者和同盟了解得越多，就越容易决定公司应使用的战略和战术，并将理论转化为可操作的实际行动。

竞争者情报一个经常被忽略的用处就是预测竞争者的反应。战术上的反应一般被认为是一种事后决策。但是如果你对竞争者如何运作了解得足够多，那么战术决策也可以成为事前决策。比如说，你知道 A 面对市场份额的争夺时将不计成本采取迅速的防守措施以防止业务被其他对手夺去；你知道 B 面对同样的情况时也将采取相同的措施，但是管理者将花费 6 个月去执行哪怕最小的一点变动；你还知道 C 将不作任何事情，它傲慢自大地相信没有对手可以打败它。考虑到每家公司做出反应的时间，你还能猜出反应将会是改进服务、降价还是加强广告活动。通过像竞争者了解它们自己一样去了解它们，我们就可以预测到它们的反应。这可以作为战术最初阶段行动的组成部分，也可以将它纳入随后一系列的行动中。你可能愿意为房地产商提供抵押贷款；而你也知道某一个竞争者会采取一些防御性措施来保卫自己的市场领先地位，所以你可以试着通过提供一揽子服务，如抵押之前的保险，或对那些从你这里办理抵押贷款的人提供建筑材料折扣的方式来进行战术攻击。

要　点

- 公司需要详细的信息以决定采取什么样的战术措施应对。
- 关于特定产品和服务的信息是必需的。
- 你对竞争者了解得越多，就越容易击败它们。

公司内的不同层次

竞争者信息在母公司、子公司、机构和部门内部的各个层次上都非常有用，甚至还有助于每一位销售人员完成各自的销售任务。因此，在使用竞争者分析时，很明智的一点就是让终端使用者决定自己所需要信息的详细水平，并给出判断信息是否实用的标准。

要　点

- 组织的不同层次具有不同的需求。
- 信息必须适应这些需求。

应急计划

现在极少有公司拥有应急计划，而拥有应急计划的，应急的对象也仅仅局限于灾难事故，比如炸弹袭击或严重的火灾。然而金融服务业对应急方案的需求在不断增加，而且没有竞争者情报，应急计划通常无法起到应有的作用。

绝大多数依赖于市场一般情况做出的短期和长期计划，正在变得越来越相似。顶尖的银行和保险公司的排名可能会发生变化，行业中也可能存在合并与收购，这些都是可预见的。然而，当游戏规则发生剧烈变化时，应急计划就非常重要了。比如，电话直销保险的到来就已经改变了许多公司的运作方式。而那些其品牌比一般银行更为知名的零售商，它们一旦进入金融服务业，就意味着要放弃现有的中介机构和直销渠道，并专注于成为一家打有自己零售商品牌的服务提供者。

在制定及修订这类应急计划的时候，显而易见，在计划过程中竞争者信息是必不可少的。事实上，出色的竞争者分析能够指出行业内潜在的巨大变化以及相应的应急方式。因此，从这一点来看，竞争者分析完全可以成为公司的主动性工具，而并不只是以一副被动的面孔出现。

要　点

- 为了做到有备无患需要竞争者信息。
- 在提出战备方案时竞争者分析可以作为主动性工具使用。

产品推广

银行和保险商在产品推广上大致可以分为两类，一类忽略竞争者的所作所为而自顾自地进行产品推广，而另一类则会与竞争者的产品进行对比，特别是当通过专门的中介机构开展工作时，当然，对比时都会偏向被推广的产品。

不论公司属于哪一类，太多的公司在产品定型之前都没有仔细地研究竞争者所提供的产品和服务。一些公司完全忽略了竞争者的产品，究其原因，一部分是由于傲慢自大，而更大的部分则是由于缺乏这种意识。而另一些公司仅仅是在产品已经设计定型并在定价之后准备推广的时候才注意产品之间的比较。

一部分具有更为专业的营销意识的公司则做得比较好，它们会利用竞争者信息找出主要的竞争者是谁，以及它们提供什么产品。但是，即使这样，还是有许多公司陷入了仅仅比较那些通过相同渠道（比如直销或经纪人）来提供产品的竞争者的怪圈。它们总是从公司的视角而不是从客户的视角来看待事物，忘记了客户并不在乎购买的保险单是出自保险商、银行、经纪人、广告商、汽车零售店还是超级市场。

成功的竞争者分析会从客户的视角来看待市场。真正的竞争者可能并不是公司一开始所想象的。如果公司在最开始的产品设计阶段就对竞争者的信息进行彻底的研究，那么公司就有可能适当地修改新产品，或者至少拥有正确的信息来进行市场拓展。

许多银行和保险人员都认为由于产品之间区别很小，所以很难进行比较。但是客户在进行采购时总是在进行着这样或那样的比较。比如说，如果你想买一辆车，你会有许多选择：新的或二手的，流行的或古典的，小轿车或四轮驱动的越野车等等。在实际生活中，客户可能仅仅比较市场上众多产品中的一小部分，只拥有不完备的信息。这种情况也常出现在金融服务的购买中。这就意味着你在现实中需要去比较的是对客户本身来说关键的益处，即去研究产品为客户带来的好处而非产品特征本身。所谓“当局者迷”，这样一种非技术性的分析，对极其熟悉产品的人来说并不容易，但是它却是竞争者分析的一个重要组成部分。当然，如果雇员或客户需要针对特定竞争者所提供的产品进行细节分析，那么，竞争者分析团队也必须时刻做好准备。

要 点

- 详细的竞争者分析对于产品推广来说至关重要。
- 从顾客的角度来研究产品。
- 记住,顾客是依据不完备的信息进行决策的。
- 只比较关键的地方,但是如果需要的话,也应当详细地进行分析。

产品改进

在评估现有产品到底需要什么样的改进时,可靠的竞争者信息具有极高的价值。仅仅为了给产品增加特性进行粗糙的改进是没有任何用处的。当一个公司的产品需要加以改进以和竞争者争夺市场时,竞争者分析团队应当研究市场的发展并提出自己的建议。

不要忘记,产品、服务提供的途径对于客户来说与产品的特征同样重要。例如,两个银行的账户可能看起来完全一样,但是如果一家银行的账户仅仅在分支机构才能开立,而另一家则可以通过电话银行获得,那么就客户关注点来说,关键性的不同就可能不是产品的特征,而是方便与快捷的提供方式了。

要 点

- 竞争者分析可以帮助决定应对产品和服务做出什么样的改进。
- 产品改进要有实质意义,不要只进行粗糙的特性添加。
- 关注服务和产品的提供方式,而不仅仅是具体的产品。

产品终止

金融服务公司通常不知道什么时候应当终止某一种产品，绝大多数公司会一直等到产品再也卖不动或变得没有利润时才会考虑停止出售它。而竞争者分析则有助于公司确定一种产品是否过了它的黄金时期或是否已经完全过时了。

比如说，许多银行和建房互助协会，过去为那些不愿光顾网点机构的客户开办了邮寄账单服务，但是现在这些已经基本上被电话银行业务所取代了。新的服务提供渠道取代了旧有的邮寄方式，在这基础上许多公司都纷纷终止或改进了它们的产品。然而，很少有公司会想到去考察是否有部分客户并不愿意通过网络或电话处理，而更倾向于每月接到他们的邮寄账单并处理业务。适当地使用竞争者分析可能有助于从客户的角度研究、看待这些问题。

竞争者分析可以帮助公司决定应当终止什么和在什么时候终止。如果竞争者在某一市场终止了某些产品，那么应当查明该市场是真的已经没有利润了，还是它们已经有了产品更好的升级版本，同时你的产品相比较而言已经过时了。银行和保险公司经常吹嘘自己的一个竞争者从某一领域退出了，但结果往往是，竞争者在很短时间内带着更好的产品和服务以及一个合作伙伴重归业内，并大幅增加其市场份额。

要 点

- 判断畅销的产品已经过时是需要勇气的。
- 从顾客的角度来关注产品是非常关键的。
- 确认真正的以及暂时的产品终止。
- 如果有公司退出市场,应找出其退出的真正原因。

应对竞争者

竞争者分析团队应持续关注竞争者的活动,监控对手进入或退出某一国家或细分市场、产品和服务的推广和改进、广告和营销活动、并购和剥离活动以及新的服务提供方式的开发等等。对这些信息的专业分析可以为如何应对竞争者提供指引。比如,公司是应该采取模仿竞争者的方式还是尝试完全不同的方法?

当一个竞争者对你的公司提出精心策划的挑战时,竞争者分析可以对你和竞争者所提供的产品进行快速而深入的比较。如果分析团队拥有一个良好的信息网络,他们就能够在研究阶段或小规模试验阶段了解竞争者的活动,进而在竞争者在全国推广产品之前给公司提供应对的措施。

要 点

- 分析有助于确定如何对竞争者的活动做出反应。
- 关键是在对手采取行动之前就做出反应。

销　售

所有职员都应对本公司的产品和服务抱有信心。随着越来越多的金融服务人员走出银行直面客户,参与销售的员工比例在不断上升。但是,许多人在销售公司的产品和服务时信心不足,所以全面的培训非常必要。当顾客指出一个竞争者所提供的产品或服务的过人之处时,营销人员必须能够利用自己产品与之相比并加以说服。因此公司必须用适当的竞争者信息来武装营销人员,并将其作为培训课程的一部分。公司应当牢记,职员对公司所提供的产品或服务活动进行支持无比重要。当竞争者的产品更便宜或有更好的收益的时候,也许,良好的竞争者情报系统就可以使顾客了解,竞争者或是有很差的服务记录,或是一旦拉住客户就不断提高价格,或是总对相关的服务收取额外的费用(而在你公司则是免费提供的),这样就可以一举扭转局势。

要　点

- 对所有层次上的销售人员进行的培训必须包括对竞争者信息的收集。
- 公司应向销售人员充分介绍竞争者提供的产品,以使他们可以帮助顾客进行比较。

服务改进

平面广告或屏幕上的信息仅仅是金融服务或产品的一个外在表现；储蓄账户、寿险保单或房屋保险单附加的合同文书，也仅仅是服务供应商所做承诺的一个记录，即当特定的事件发生时或在预先确定的日期将一定数额的货币给付客户。在这样的一个世界里，公司间真正的不同之处在于它们在产品整个生命周期的所有阶段向客户提供的支持服务。而一般的竞争者分析或具体的标杆管理则可以监控竞争者的所作所为，并对公司提出建议以改进服务。

对于竞争者为其客户改进服务有三种可能的应对反应。第一种对公司来说就是追赶策略，即改进服务以赶上竞争者。第二种是追赶并领先策略，即改进服务，使自己的服务质量好过竞争者所提供的服务质量。最后，公司可以引入“新游戏”，即提供区别较大的产品或服务以改变整个竞争规则。应对方式的选择取决于公司以及所处的环境。没有准确和及时的竞争者信息，公司将无从知晓三种策略中哪一种最适合于某一特定的环境。

令人难以置信的是，一些公司仍然不经仔细考察竞争者的状况就采取新的服务改进措施。如果承诺“我们可以在一周内办理抵押合同”，而居领导地位的竞争者已经能够在 24 小时内完成这一业务，那么这种承诺对客户来说无疑是个巨大的失望。提供电话服务热线以进行理赔咨询听起来不错，但是如果绝大多数领先的公司已经能够通过电话解决理赔问题，而你还需要客户先填一份书面的理赔申请，那么宣布这一消息无疑是搬起石头砸自己的脚。

要　点

- 合同文书仅仅是对服务的一种承诺。
- 服务改进信息现在非常重要。
- 你不应仅仅改善自己的服务而忽视了竞争者。

培　训

绝大多数金融服务公司在员工培训上投入巨大。而在入职阶段就向所有员工提及公司要进行竞争者分析是非常重要的一环。在管理学课程中，教科书上仍然一如既往地假设公司是在真空状况下运作的。因此，我们非常有必要向员工介绍竞争者分析这一概念。管理培训生往往就是日后公司运营中的关键人员。除非你知道市场上正在发生什么，否则你无法确定如何才能将你公司的产品和服务与其他公司的进行差别化定位。（对营销人员的培训已经在 13.9 部分讨论过了。）

在竞争者分析和标杆管理方面的培训已经有专门的机构提供了，但是它们绝大多数并不专门针对金融服务业。这些培训中有仅仅持续一到两天的非常基础的课程，也有相当昂贵的研讨会之类的活。也许只有少数课程会结合金融服务业的特征加以讨论，但是非专业的课程也可以帮助我们从其他行业和服务领域引入先进的理念。

要 点

- 对所有员工进行竞争者情报方面的培训。
- 培训员工如何收集和传递信息。
- 在管理培训中纳入竞争者分析的框架。
- 在标杆管理及其他技能方面培训员工。

收购与兼并

竞争者分析是收购与兼并过程中的一个重要部分。现在公司的业务逐步向国际市场发展，但是，要将本国以外潜在合作伙伴的信息收集到一起并不总那么容易。

分析是收购中尽职调查的一个部分。但是到了那一阶段再想起它则通常太迟了，因此，公司必须不断研究潜在的合作伙伴，以及敌意收购人或收购目标。对于跨国集团来说，在核心国家之外这样作是不实际的。所以在一旦需要进行这样的研究时，至少要确保团队知道可以利用哪些资源。

要 点

- 竞争者分析是收购和兼并过程中的一个重要部分。
- 信息需求通常很迫切，所以如果你已经做好了工作，那么你将比竞争者领先一步。
- 做好在其他国家搜集信息的准备。

合 资

在金融服务业中，合资还并不流行，保险公司和银行觉得不需要来自外部的帮助。然而，合资是进入新领域或新国家以及通过强大的消费品牌获益的好方法。零售商进入金融服务领域已经使这个市场发生了巨大的变化。

毫无疑问，合资将变得更加普遍。各控股 50% 的合资，其问题在于两方可以说是在相互较量之下联合在一起的。正如在一场婚姻中，甚至在一方拥有主导地位的情况下，双方的关系通常也不容易相处。当然，没有两家公司会完全相同，所以合资可以建立在相冲突的理念和个性上。在这里，竞争者分析会有所帮助。

没有公司会愿意与一个不知名的、没有信誉和财务不健全的合作者建立合资企业。如果合作者是国内的，很容易考察；但是如果是国外的，特别是在非洲等新兴市场上的，那么要做到这些就不那么容易了。而竞争者分析则可以提供信息并检查潜在的合作者所提供的财务数据。

竞争者信息最有价值的地方在于提供有关潜在合作者公司风格的信息。它是否严重依赖某一个人？该公司与政府或官员的联系有多紧密？如果执政党下台它是否会因失宠而衰落？潜在合作者的客户对它的看法如何？它在所处行业内的地位如何？它最近的成就与失败是什么？它的控制人是谁？所有这些以及更多的问题都应当仔细回答。

前面讲过，竞争者分析也可以作为主动性的工具加以使用。与其等待一个潜在的合作者与自己接触，不如使用竞争者分析对某一国家的潜在合作者们进行初审并比较与每一家公司合作的优势与劣势。

要 点

- 需要对潜在的合作者进行分析。
- 竞争者分析能够透过财务报表看到公司的管理风格等。
- 它可以确认出可供接触的潜在合作者。

博 弈

作为一种管理工具使用的博弈是一个深奥难懂的领域。当许多公司在根据一个年度计划或未来几年的计划开展工作的时候,许多金融服务业之外的公司正趋向于编制长期计划。超前10年或20年可能看起来是一段很长的时间,但同员工受雇的时间相比,它也并不太长,而从一个大公司的生命周期来看,这又是一个很短的时期。长期计划编制的过程包括预测可能的未来情形,而这里竞争者分析就会派上重要的用场了。

在20世纪70年代的英国,如果让汽车保险商预测10年后机动车和其他类型保险的销售渠道方面会发生怎样的变革,他们可能会觉得不值一提而哈哈大笑,但是如果他们认真地考虑过这个问题,至少可以为应对日后严重威胁他们市场的Direct Line做好准备。研究发现,传统的银行和保险公司越来越深切地关注网上银行与网上保险给银行业和保险业所带来的机遇与挑战。但是,它们中的绝大多数还未用足够宽广的视角来看待这一问题,仅仅将其看作一种服务提供的新形式。然而,以电子形式提供银行和保险产品仅仅是完全替代这些产品的第一步。当不再需要分支机构和服务总部时,现有的银行或保险公司或其他类的公司就可以在同一条起跑线上平等地提供在线金融服务了。

竞争者分析可以在博弈计划中使用,它可以采取假设分析的形式,时刻关注现有的和潜在的竞争者,并且在全世界范围内对可能发生什么进行预测。其他潜在的事件也可以放进博弈中,比如全球变暖、移民月球、核灾难甚至外星人入侵。这些想法可能经常会被取笑,但是博弈的真正目的在于预测可能发生的最令人无法想象和无法容忍的事情,以及它们对你所在的行业和公司的潜在影响,然后再慢慢得出最接近现实的可能发生的情况。

要　点

- 长期预测需要竞争者信息。
- 使用这些预测来构建假设分析的框架。

预测研究

研究通常是探索什么事情正在发生,广告商们为了预测广告需求创造出了词语“预测研究”。预测研究通常使用的资源,包括互联网、业务趋势、竞争战略陈述、未来竞争性商品和服务的流通渠道、促销方案以及现有和未来竞争者的广告战略等。广告计划试图在微观层面建立起品牌的知名度,而预测研究则是在宏观层面研究市场驱动因素和消费者倾向,然后将这些加入到广告和营销战略中去。

比如说,保险商 A 现在以其完善的客户服务和理赔简便的家庭财产及机动车保险作为广告的基础。然而,10 年之后市场可能已经发生了翻天覆地的变化,每一家企业都可以提供相同水平的服务,到那时如何对其品牌进行差异化的定位呢？如果公司一直按兵不动直到问题产生，很可能将会出现危机四伏的局面。与许多现实中的银行和保险公司一样，保险商 A 将会不停地更换代理机构，改变广告和品牌信息，然而人们并不确定它是在传播一个品牌还是在宣传一项新的服务（通常你无法利用相同的活动在两方面都取得成功）。其营销总监和经理也会频繁换人。但如果采用预测研究，在品牌建立的过程中就会同时兼顾到市场的长期发展趋势和竞争者行动的因素。

要 点

- 预测研究是指对广告需求进行预测的研究。
- 将竞争者信息融合到预测研究中去将能够更好地制定广告和营销战略。
- 它是一个长期的过程，而且对人们来说仍旧是一个新概念。

第14章

其他注意事项

当您阅读到本章的时候,毫无疑问已经掌握了竞争者情报的基本内容,并且对于如何实际应用它们,借以改善现实情况有了一些自己的想法。本章的目的正是要通过业内资深人士在工作中的实际经验总结,为读者提供一些相关的提示和建议。

要分析而不仅是信息

如果竞争者分析团队所做的全部工作只是把信息传来传去,那么这个团队无疑是不称职的。在将信息整合成接受者可以理解和使用的形式的基础上,使其增值才是关键所在。行业经验会帮助团队做出增值分析,使信息转化为真正有助于企业显现竞争优势的东西。

现在我们来看一个真实的例子。Driverite 保险公司是最早涉足汽车保险业务的保险公司之一,但残酷的市场使公司不断亏损,所有者最终选择了将公司出售并很快找到了买主。许多报刊杂志对这笔交易进行了报道,但其中并没有几家就此事给出了合理的分析。让我们首先从事件本身着眼，简单了解一下这笔交易的来龙去脉：

作为引领汽车保险业的先驱者，现已被出售的 Driverite 公司在 Ambridgeshire 拥有员工 400 人。2006 年，公司共收取保险费 6 000 万英镑，保险损失 900 万英镑；2007 年，这两个数字分别达到了 6 500万英镑和 1 300 万英镑。近日，Driverite 保险公司将理赔业务外包，Big 保险公司则以 5 000 万英镑的价格收购了其价值 2 000 万英镑的资产，这使 Big 保险公司的汽车保单翻了一番。

在这一事件中，无疑有许多附加信息是读者想知道而竞争者分析可以给出的。为什么一家行业中的先行者会如此经营不善？为什么公司的所有者想要将其出售，而购买者又愿意去买？公司采用了哪些营销策略，这些策略是否奏效？技术因素在这里面有没有起到作用？一些普遍的观念，比如"所有员工的工作都将得到保障，必须要留住品牌，留住不动产"正被慢慢淡忘，这种变迁是否有重大意义？为什么 Big 保险公司在刚刚关闭一家直属分部并花费巨资协调旗下不同品牌与相应渠道的形势下，还想去收购另一个并不成功的品牌？要回答这些问题，就需要分析师对信息做进一步分析，体会事件的弦外之音：购买者看中的显然不会是 Driverite 已经过时的系统、不甚合理的定价以及并不成功的市场营销和庞大的管理费用，它想要得到的很可能只是其客户的目录。

对于那些有意收购 Driverite 的企业来说，进行附加价值分析至关重要，它们需要通过分析团队获得以下信息：

- 保险费和保险业的变化趋势是怎样的？
- 它采用了哪些营销和广告策略？
- 为什么要将母公司出售，为什么最初将母公司出售给少数股东的计划被最终放弃？
- 管理技术等是不是最前沿的？

- 员工数量较之类似企业是否合适?
- 平均保险费是多少?

上述大多数信息都是可以获得的,而其中最重要的问题莫过于保险费。如果 300 000 份汽车保险的损失为 1 200 万英镑,那么公司就需要将每单保险的保费提高 40 英镑才能达到盈亏平衡。Driverite 公司的平均保险费是 200 英镑,这一数字同其他公司相比如何?如果不得不将顾客平均保险费提高 25% 才能获利,那么还有多少顾客愿意与公司续签保单,特别是在公司刚刚易主的情况下?而作为收购 Driverite 的企业,又是否愿意消化一部分保费损失,以提高 50% 的市场份额?

在上述事例所反映的这类情况下,公司决策在很大程度上依赖于卖方所提供的信息。通过竞争者分析提供的额外细节对于买卖最终达成与否将起到至关重要的作用。在不存在其他因素的情况下,如果掌握了完备的信息,收购最终却只是一笔失败交易,那管理层就只能自我检讨了。

要 点

- 应当对信息加以分析。
- 行业经验有助于准确把握信息中包含的机遇与挑战。
- 透过现象看本质。

前瞻分析

历史常会重演。在竞争者分析中,过去的趋势有助于预测未来可能发生的情况。这会影响公司及其竞争者的行为及行为方式。

例如，由于提供了电话银行的服务，银行 A 的顾客一年内增长了 10 万。然而，其他银行迅速赶上，都提供了电话银行的服务。于是，作为一家银行，你想知道的是：银行 A 每年是否还能保持同样的新业务增长量？所获得的新顾客是从未在任何银行开过户的，还是从其他银行转投过来的？转换的原因是因为银行 A 提供了电话银行服务还是因为对原来的银行不满意？

竞争者分析团队需要预测未来五年中银行 A 的情况及其对包括自己在内的其他银行的影响。这种前瞻分析会影响你的银行对竞争的反应：我们要不要提供同样的服务，加强银行的分行业务建设，或提供新的服务？

前瞻分析往往只具有一定的准确度，而不可能完全准确。在预测的过程中，规则的建立非常重要。科学实验用比较标准来鉴定试验的结果，竞争分析者们需要同样严格的方法，提出假设，并确定出有可能更改预测结果的事件。除非有有效的、逻辑性强，又能被众人所承认的预测技术作支持，否则类似“10 年以后，所有人都将在家里办公”，或者“2050 年，欧洲将只剩下 10 家大保险公司及 5 家大银行”这样的笼统的论断都是没有意义的。无论在何种情况下，做关于竞争者或市场份额的前瞻分析时，分析及得出结论所用的规则都应该可以解释清楚，对于“为什么会做出这样的假设和结论”也应该能够自圆其说。

要 点

- 利用历史趋势预测未来情况。
- 明确分析所用的规则。

错误的信息

在理想的世界，所有信息都是准确的。但在现实生活中，错误信息却是无法避免的，包括未证实的传闻和彻底的谎言。金融服务业一向以“谣言制造厂”著称，而这其中有些谣言就是为了引出真实的信息而特意制造的。

公司的新闻发言人通常会迅速地否认任何关于公司未来计划的传闻。有时这是为了迷惑他人，但真实情况往往是，新闻发言人是同行业中最后得知自己公司发生了什么事的人。此中的关键之处在于，对于公司关于任何信息的否认都要抱有怀疑的态度。有时似乎一个公司越是强调什么事情是假的，它反而越可能是真的而且是负面的。

竞争者分析团队永远不应该散布谣言或错误信息，它们应做的是对搜集到的传闻进行分析。例如，TOP 健康保险公司否认有与 XYZ 超市合作，共同销售金融产品的计划，然而市场得知有关的会谈正在进行之中。这种情况下，团队应当就此传闻给出一个概率。在此例中，原有传闻真实的可能性会达到 90%。另一个例子，假如 HH 保险公司否认了关于它要退出宠物保险市场的传言，并且事实上，它已经为那个部门指派了新的营销经理，那么原有传闻真实的可能性就是零。

公司员工不可避免地会听到各种传闻和错误信息，公司管理者应当要求竞争者分析团队确定这些传闻的准确程度。

有时，公司为了转移大家对一条真实新闻的注意力，或者为了吸引大家注意一项新的产品或服务，也会采取释放错误信息这一手段(参见 6.6 节)。

要 点

- 公司可能会制造关于自身的错误信息。
- 需要注意:对于有利但却是错误的信息公司通常不愿纠正。
- 公司也会制造关于其他竞争者的错误信息。
- 核查消息来源。

头脑风暴

从产品开发到销售活动,头脑风暴法越来越多地被运用到公司经营的每一个环节。头脑风暴法的操作过程是,一小群人(绝对不可多于10个)坐在一起,对当前的主题随意发表任何意见或想法,也许最终得到的往往只是黑板上一堆杂乱无章的词语。然而重要的是,无论多么没有逻辑、笨拙或不理性,所有的想法都要记录。同时,在这一过程中,我们要避免任何批评和评价,也要避免为个人的想法和建议而居功自傲。原材料一旦有了之后,我们就可以对它进一步加工了。最初要摒弃的是那些与任务无关的想法,但是对任何稀奇古怪的想法都要保留,这是非常重要的。最后打磨成品的工作不能由进行头脑风暴的这群人来做,而应当由另外一组拥有全新想法的人完成。

头脑风暴法在竞争者分析中可以发挥作用,它可以解决“如何获得特定的信息”,或者“如何评定实际需要什么信息”这样的问题。此外,还可用于分析一些复杂的信息,并将其整理出头绪来。

要　点

- 公司可以运用头脑风暴法。
- 头脑风暴法有助于解决困难的问题。

树木与森林

竞争者分析中最常见的问题是，分析师和公司的其他员工往往面对过多的信息，难以处理。处理这种情况的技巧就是把注意力放在重点的信息、核心的问题上，这样我们往往才更容易理解信息、分析信息，进而从信息的“森林”中找出其中的“大树”。

下面我们以公司概况为例（见 4.2 节）：

公司概况

名称

商号

所有权形式

最终所有人

近期所有权变化带来的影响

总部地点

以上各点均显而易见。

分支机构及地区办事处

这一点你只需要知道城市，而不需详细的地址。如果公司有很多分部，写明一共有多少分部即可，不用列出所有的地点。

财务状况

并不是完整详尽的报告，而是过去两年关于营业额、利润、税前利润和负债的汇总性的经营数据。

员工人数

只需一个大概的总人数。

重要管理者

这里的关键词是“重要”。公司名录上会列出每一位有一定管理、领导职位的人员。而这里只要列出董事长、重要董事和经理等有重要地位和负责营销管理的人员就可以了。没有必要列出人事、财务和其他管理人员的情况。

分销渠道

只需写明类型。

主要经营范围

指产品类型,如银行服务、保险服务、担保服务等。

产品与服务

要概括,如“汽车保险”,而不是将公司全部20种不同产品的名称都罗列出来。

新产品领域

这里还是要概括,如“信贷业务”。

已撤出及未进入的产品领域

那些产品被撤消或存在明显空白的领域。

合资公司

也只需汇总性的经营数据。

近期重大事项

大概只需近几个月发生的重要事件,每个事件只用一行来简略介绍即可。

正在进行的业务活动及计划

简要介绍正在发生的事件,例如,建立电话银行,撤消在巴西的业务,圣诞前招募了 100 名新员工等。

战略,包括组织目标、愿景、使命陈述以及经营哲学

公司在长期内想做什么。

优势

劣势

机会

威胁

请见 SWOT 分析(本书的 8.10 节)。

风险管理

公司如何对待金融交易中的风险。

服务标准

公司对外宣传的服务标准及其实际情况如何。

重要客户

现有的重要客户的情况。

总体评价

竞争者分析团队对公司整体所作的分析。

要　点

- 关注重要信息而不是细节。
- 矩阵表格会对集中精力在要点上有所帮助。

忽略信息

有很多信息实际上并没有多大用处。例如,只有在特定情况下,公司分部的确切地址或者关于产品的所有细节才可能有用,在其他情况下收集这些信息毫无用处。

一个竞争者分析师与一个为在杂志发表文章而搜集信息的记者有一些相似之处。为了写一篇800字的文章,记者可能要向5个公司各问10个问题,也许每个公司的10个问题中最终只有一个能写进文章,其他的都只能当作背景资料。其中的技巧在于如何选择:保留什么,抛弃什么。对此并没有一定之规,大多要根据公司的具体需要而定。

对信息资料的保存也应该注意效率与效果。在向电脑中输入任何信息之前一定要三思:值得花费这么多时间、精力来将这些信息输入电脑么?以后还会不会用到它们?人们应想方设法删减尽量多的细枝末节,但删减之前要问自己:如果我删掉这些,当我再需要时还能不能找到同样的或者更新了的信息?如果不能,就把信息储存在电脑里。就像我从前的历史老师曾经再三强调的那样,"知识不是你知道多少信息,而是当你需要时知道去哪里、怎么样找到信息。"

要　点

- 不要搜集不必要的详细信息。
- 丢弃那些不再有用的信息。
- 知道到哪里去找比储存每一样东西更重要。

保密工作

所有顶级的金融服务业公司在面对变革的问题时都会对员工公布很多信息，以至于关于保密工作的安全保障反而变得不再重要。

大多数公司并没有完全理解竞争性情报中保密工作的作用。所有的企业都有自己想要保护的情报，对于信息的未授权访问很可能会对公司造成损害。对于金融服务业的公司来说，最主要的威胁就是信息被企业外部人员访问、更改甚至破坏。因此，保密工作最好不要请外部的安全服务公司来做，而是由公司自己的风险管理部门完成。什么样的信息需要保密？什么信息还不在公开的范围内是竞争者们最想知道的？公司的什么信息及所涉及到的技术是至关重要的？风险管理过程的一部分就是要做出一个威胁分析、一个弱点分析以及相应的风险评估，继而，就可以设计并执行安全和灾难事故的预案了。这种做法的益处是显而易见的：如果竞争者 A 可以通过一定的途径非法访问到你的信息，那么你能不能忍住以其人之道还治其人之身的冲动呢？并且那样的做法又是否是合法的呢？

要　点

- 保密工作是风险管理的主要职责之一。
- 任何行为都必须合法。

商业伦理

面对诸多的灰色区域，永不妥协是企业的一种重要精神。尽管来自第三方的关于重要竞争对手的机密信息很诱人，但是使用之前一定要对信息的来源、可靠性和提供信息的动机提出质疑。有些企业拥有较高的道德水准，但是即使是最好的企业中也会有个别管理者的道德水准低于其同僚。

竞争者情报能够诱使道德的人做出不道德的事情。他们对这样做所给出的理由是：只要上司拥有了信息，就没人会知道也没人会关心信息的来源。一个在获得信息的压力下工作的竞争者分析团队自然就很可能屈从于这种引诱。但无论如何，以不道德的手段或者从可疑的渠道获得信息永远都不可取。

这里有一些简单的原则可供遵循：永远不要接受匿名的信息；永远不要接受来自心存怨恨的外来者的信息；对于“天上掉下来的馅饼”要再三审查。

如果对以下两个问题中任何一个的答案是“否”，那么这个信息便不应该使用：

- 是否能够确认信息来源？
- 获得信息的手段是否经得起国家级报纸的详审？

如果对于下面的问题的回答是“是”，那么这个信息便不应该使用：

- 获得信息的手段是否违背了公司所在行业成文、不成文的规定或者个人的伦理道德？

要　点

- 注意信息的来源。
- 用不同方法查核消息。
- 永远不要接受匿名提供的信息。

合法性

本书 5.1 节中曾提到，法律规定了哪些信息是商业秘密，特别是与公司员工有关的信息保护行为。无论受到什么样的诱惑，公司内部或外部的信息资源搜集者，其行为的合法性都非常重要。

而一旦发生了侵犯商业秘密的行为，不但违反法律的人要被起诉，同意、暗示或未能制止这种违法行为的经理和行政人员也不能幸免。对违法行为睁一只眼闭一只眼是没有用的，那样做不会使任何人逃脱法律的制裁。

实际操作中，“行为合法”很少被纳入监控竞争者情报分析系统的考虑之中。当公司忽然间处于敌意收购或兼并的不良态势，或者公司在某个产品或服务领域存在问题而竞争者们却似乎做得很好时，往往更容易放松这方面的要求。

要　点

- 行为一定要符合法律上和道德上的规定。
- 公司与个人一样面临着被起诉的可能。

业务守则

市场调研公司和个人的工作都要遵守一套业务守则，在这里没有必要详细历数各条，仅举一些来自市场调研协会的业务守则为例：

- 当报告中所包含的信息，可能对该信息来源者的组织产生直接的不利影响时，例如，在调查竞争者或潜在竞争者时，必须在收集信息前对该调查发起者的性质予以披露。
- 禁止将其他性质的活动谎称为调查。调查数据的收集不应直接或间接地与商业间谍等特殊作业相联系。

大多数专业调研机构都拥有自己的行为守则。作为一种不成文的规定，公司或者个人的行为不能有损其所在行业或机构的声誉，比如通过欺诈的方式获取竞争者情报或者将歪曲的调查结果传递给消费者。

对从事商业广告的制作要求也日益严格。在实际工作中，该行业监管机关收到的多数投诉并非来自公众，而是来自那些广告委托人的竞争对手。其中一个需要接受严格审查的方面是，是否在广告中采用了关于竞争对手的比较性信息，用来从不利的方面中伤竞争对手的产品或服务。

要 点

- 调研公司与广告公司通常都拥有业务行为守则与规范。
- 不准确地或误导性地发布竞争对手的信息都会违背某些守则与规范。

商业间谍

前面曾提到过，有些公司采用私家侦探或让自己的员工打入竞争对手内部来获取相关信息，但随着公司安全防范意识的日益增强，能够通过使用这类隐秘的手段从竞争对手处获取的情报越来越少。毫无疑问，随着有关隐私权法律的制订与实施，保险公司在理赔调查中使用私家侦探的情况也会迅速减少。

派出外部人员或自己的员工临时性地去为竞争对手工作，从而获取其内部资料，看来是很吸引人的做法。然而，由于雇主们越来越多地使用计算机信息来核查待聘者的各项资料，除非采取极端的做法，否则想要渗透进入竞争对手一方会越来越困难。公司可以派出雇员，让他们为竞争对手工作以取得有价值的经验，而后通过承诺加薪和提供其他的利益条件来吸引他们重新回来工作。允许员工离职，在他们重新回来时一并取得其带回的信息，这种做法是合法的却不合乎道德。而通过那些为竞争对手工作的在职人员获取对手的最新情报，是一种商业间谍行为，可能触犯民事和刑事法律。当员工已经受雇于竞争对手时，公司就不应以任何形式与他继续保持雇佣关系了。在员工重新回来时再获取相关信息更可接受一些，但也没必要为此冒损害公司名誉的风险。

公司有时需要雇用一些外部人员，比如私家侦探或者安全顾问，去核查公司的业务，保证其合乎法律的规定和道德的要求，不过这样的雇用会招致工会的反对。如果使用这些外部人员所针对的是竞争对手，那就是间谍行为，是应当避免的。

这里需要特别指出的是，声誉良好的公司是不会采取上述任何做法的。

要　点

- 要尽可能避免商业间谍行为。
- 间谍行为通常会适得其反。

信息交易

信息交易被众多的保险商和银行家所厌恶,尤其当交易的信息涉及自身公司时。然而,信息交易的基础是有所付出才有所收获,这样做交易方才能双双获利。正如集邮者会用两张他认为价值不高的邮票去交换一张更有价值的,从而使他的收藏增值,成功的信息交易会使双方都满意。某一次交易是否公平并不要紧;实务当中,随着时间的推移,交易双方最终会扯平。如果一方没有如约提供信息,那交易的另一方将有两种选择:终止与它的交易,或者提供给它错误的信息。

蓄意提供错误信息,进行欺骗性的交易只能达成短期利益。任何不诚信的行为都会导致交易退化到冷战时期间谍之间那种尔虞我诈的状态,欺骗伴随的是加倍的欺骗,以致于最后人们都丧失了辨别可靠信息的能力。

交易信息并非是一项简单的行为,很大程度上依赖于同对方参与交易的分析小组成员间的相互信任。通过交易可以取得其他情况下难以获得的信息,此外,信息交易还可以用于对已有信息的进一步核实。